民族精神，似熊熊薪火，照亮青春奋进之路；

中华文明，如汩汩清泉，润泽青春梦想之花。

给孩子读的中国先贤故事

李清照

永宁 著

远方出版社
·呼和浩特·

图书在版编目（CIP）数据

李清照 / 永宁著. -- 呼和浩特 : 远方出版社，2024.9. --（给孩子读的中国先贤故事）. -- ISBN 978-7-5555-2002-3

Ⅰ. K820.2-49

中国国家版本馆CIP数据核字第2024RJ7383号

李清照

LI QINGZHAO

著　　者	永　宁
责任编辑	武舒波
封面设计	VIOLET Q1152979738
版式设计	曹　驰
出版发行	远方出版社
社　　址	呼和浩特市乌兰察布东路666号　邮编010010
电　　话	（0471）2236473总编室　2236460发行部
经　　销	新华书店
印　　刷	天津中印联印务有限公司
开　　本	880毫米×1230毫米　1/32
字　　数	100千
印　　张	6
版　　次	2024年9月第1版
印　　次	2025年1月第1次印刷
印　　数	1—5000册
标准书号	ISBN 978-7-5555-2002-3
定　　价	42.00元

出版说明

在这个瞬息万变的时代，我们享受着前所未有的便捷生活，却也不得不直面接踵而至的挑战与困难。世界仿佛一张错综复杂的大网，令人眼花缭乱。然而，无论时代如何变迁，每个人都无法回避一个根本问题：如何在有限的时空里，让生命绽放出有意义的光彩？对于青少年而言，正确认识这个问题并给出准确的答案显得尤为迫切，他们的人生刚刚起航，充满了无限可能，却也常常在迷茫与困惑中徘徊。

青少年时期，是塑造世界观、人生观和价值观的关键时期，每一次新的经历都如同为未来埋下的一粒种子，看似微不足道，却可能在岁月的滋养下成长为参天大树，也可能因土地贫瘠、养分不足而艰难成长。因此，为青少年提供怎样的精神养料绝非小事，它不仅关乎青少年的未来，更关乎国家和民族的命运，诚如梁启超先生所言："少年智则国智……少年强则国强……”

当我们回溯五千多年的中华文明，不禁为其所蕴含的丰富宝藏而惊叹，那些闪耀着智慧光芒的中国先贤，宛如夜空中最璀璨的星辰，穿越时空的重重阻隔，为后人传递着无穷无尽的智慧与力量。

孔子，这位伟大的思想家、教育家，一生周游列国，四处奔走，试图推行自己的政治主张，却屡屡受挫。然而，他始终秉持“知其不可而为之”的坚定信念，从不退缩。晚年，他呕心沥血，整理诗书，为中华民族留下了一部部皇皇巨著，成为后人取之不尽、用之不竭的文化源泉。孔子的一生是执着追求理想的一生，他的坚韧与担当为后人树立了光辉的榜样。

霍去病，凭借卓越的军事才能和非凡的勇气，年仅十八岁便踏上抗击匈奴的征程，纵横沙场，连战连捷，立下赫赫战功。

李白，以浪漫飘逸的诗风，傲然屹立于中国文学的巅峰。他自信豪迈，“仰天大笑出门去，我辈岂是蓬蒿人”，尽显他对自身才华的高度自信；他不拘小节，“天子呼来不上船，自称臣是酒中仙”，表现出他对权贵的不屑与傲视。

尽管仕途坎坷，但他始终坚守自我，以清新畅快的诗句描绘出一个奇幻瑰丽的文学世界，让后人领略到他那自由奔放的思想魅力。

除了孔子、霍去病、李白，中华历史长河中还有无数震古烁今的先贤：抱朴守真的老子，以其深邃的哲学思想为后人揭示了宇宙与人生的奥义；乐观旷达的苏轼，无论身处何种困境，始终保持豁达的心态，留下了一篇篇脍炙人口的佳作；千古才女李清照，以细腻的情感、卓越的才华在男性主导的文学世界中独树一帜。此外，商鞅、张衡、张仲景、李时珍、张居正、徐霞客等先贤，在各自的领域都取得了非凡的成就，为中华文明的发展作出了很大贡献。

这些先贤的人生轨迹各不相同，但是他们在人生的道路上都经历过坎坷与坦途、机遇与挑战、得意与失意。他们的故事，就像一面镜子，映照出我们每一个人的生活。

当代学者戴锦华说过："经由电影荧幕，望向他者。"这种对"他者"的关注，最终会引导我们回归自身，思考人生的意义。先贤们各具特色的个性、品质、才华和志向，为青少年提供了一个个参照系，让他们从中寻找"历史中的我"，进而思考"当下的我"。通过学习先贤的经验，青少年能够更好地规划自己的人生道路，这就是榜样的力量，也是历史传承的意义所在。孔子因崇敬周公，致力于推广周礼，著书立说，开创了儒家学派；司马迁因敬仰孔子，发愤图强，完成了被誉为“史家之绝唱，无韵之《离骚》”的《史记》。

“高山仰止，景行行止。”我们深信，中国先贤的故事和精神，将成为青少年成长道路上的宝贵财富。为了将中国先贤的形象更加鲜活地呈现在青少年面前，我们精心策划了这套“给孩子读的中国先贤故事”丛书。在编写过程中，我们始终坚持真实、有趣的原则，多方搜集资料，深入考证史实，力求还原先贤的真实面貌。同时，我们对语言文字进行了反复打磨、润色，使故事生动有趣，易于青少年理解和接受。

希望青少年朋友们通过阅读本丛书，以中国先贤为楷模，从他们的故事中汲取智慧与力量，在人生的道路上勇往直前，为实现中华民族伟大复兴的中国梦挥洒青春热血，用奋斗的汗水浇灌梦想之花！

婉约词宗照千秋

在中国古代文学的天空，李清照是一颗耀眼的星辰。她别具一格的婉约词作开创了宋词的新篇章，而她历经凄风苦雨不改初衷，依旧追求纯洁爱情，守护灵魂尊严，坚定从容的人生态度，也在后世传为佳话。

李清照，字易安，号易安居士，出生于齐州章丘（今山东省济南市章丘区）的一个书香世家。她的父亲李格非是当时著名的学者、散文家，母亲也是出身书香世家的名门闺秀。李清照自幼聪颖过人，在父母的教育及家庭环境的熏陶下，饱读诗书，不仅精通文学，而且在琴棋书画等方面也展现出卓越的才华。她的词作清新脱俗、感情真挚、委婉含蓄，在宋代词苑中独树一帜，开创了中国词林中的婉约一派。她还创作了不少诗歌，有婉约之作，也有忧国忧民的雄劲豪放之作。她的诗词不仅反映了她个人的情感体验，也映射出当时社会生活的面貌、国家局势的变化。她的文学才华得到了世人的广泛赞誉，她的名字与苏轼、辛弃疾等文学巨匠不分轩轾，被誉为“千古第一才女”。

然而，李清照的生活坎坷多舛。她的婚姻、家庭以及个人命运，与当时动荡的政治局势息息相关。新旧党争、金兵南侵与“靖康之难”等历史事件，深深地影响着她的生活，也在她的诗词中留下了深刻的烙印。从她的诗词中，我们可以感受到一位柔弱女子在动荡不安的年代中的困惑、挣扎、无奈以及深沉的家国情怀。

李清照的晚年生活更是充满了艰辛。国土的沦陷，丈夫的去世，四处漂泊的劳累，孀居的凄苦，使她的心境日益悲凉，其诗词风格也变得更加凄凉和哀婉。她创作的《武陵春·春晚》《永遇乐》等作品，深刻表达了她对逝去的爱人的思念，对山河破碎的感伤，对国家命运的忧虑，以及对自身命运的感慨。

李清照的诗词，就是她一生经历的真实写照。从青涩的少女时期到沧桑的晚年，从闺房的闲适到漂泊的苦难，她的诗词记录了她的心路历程，展现了她的欢乐与苦闷、柔情与豪情、无助与坚韧，给后人以无尽的心灵慰藉、精神熏陶及思想启迪。

本书以清新的笔调、生动的语言、丰富的史料，记录了李清照坎坷曲折的一生，带领读者走进李清照的内心世界，体会她的喜与悲、爱与恨、愁与哀，领略她的家国情怀、精神节操与人格魅力。

巾帼何须让须眉，柔弱女子多豪情。婉约词作映丹心，高风清名照千秋。李清照的创作精神和人生态度激励我们不懈地追求真善美，勇敢地面对生活的挑战。

目录

第一章

花季才女，名噪京城

李清照出身于书香门第，自幼受到良好的家族教育与文学熏陶。少年时代的她，性格豪放不羁，蔑视封建礼教，才华出众，在诗词写作方面表现出非凡的天赋，十六岁时便以一首《如梦令·常记溪亭日暮》轰动北宋文坛。后来她跟随父亲迁居汴京，得到“苏门四学士”之一晁补之的指点，创作水平日益精进，所作之词得到京城人士的一致好评。王灼在《碧鸡漫志》中称赞她“若本朝妇人，当推词采第一”。

书香世家育才女

大河百代，众浪齐奔，淘尽万古英雄汉。

词苑千载，群芳竞秀，盛开一枝女儿花。

这是中国现代诗人臧克家所写的一副对联，对联中所说的“女儿花”，指的便是“千古第一才女”李清照。

北宋元丰七年（1084年）二月初五，在齐州章丘（今山东省济南市章丘区）明水镇一个李姓人家的宅院里，伴随一声清脆的婴儿啼哭声，李清照降临人间。

明水镇，以清泉众多、水质清澈明净而得名。这里青山叠峦、流水潺潺，在初春百花竞相绽放的点缀下，充满了诗情画意。李清照幼年的大部分时光都是在这个风景如画、人文荟萃之地度过的。当地的一草一木都映入她的心里，融进她的笔端，化为无数流传千年的佳句。

李清照的父亲李格非是北宋著名学者、散文家，进士及第，官至礼部员外郎，因为才学过人、品行高洁而受到文坛巨匠苏轼的赏识。继“苏门四学士”黄庭坚、秦观、晁补之、张耒之后，李格非与廖正一、李禧、董荣一起被称为“苏门后四学士”。李格非性格刚正不阿，为官清正廉明，恪尽职守。他喜欢钻研诗词，作文著书，一生著作等身，著有《礼记精义》《洛阳名园记》《永洛城记》等书。世人对他的评价是：清高、清丽、清正、清明。

李格非年近四十才得一女，视女儿为掌上明珠。他想给女儿取一个与众不同的名字，经过一番思索，他从晁补之的诗句“一道清流照雪霜”中撷取“清”“照”二字，为女儿取名“清照”，希望女儿长大后拥有清澈通透的心灵，超凡出尘的气质，留下清名，光照千秋。

李清照从小聪明伶俐，李格非常重视对她的栽培。在中国古代传统观念中，“女子无才便是德”，认为女子的主要职责是相夫教子，做贤妻良母即可，无需学习很多书本知识。但李清照的父亲李格非思想开明，从不束缚女儿的天性，不仅教她读书、识字、作诗、填词，还教她弹琴、作画、赏花、品茶，甚至带她外出游历、游山玩水。

宋朝的文学氛围浓厚，李家的文学底蕴也很深厚。李家的庭院里，经常有文人学士来访，与李格非共饮佳酿，吟诗作对。在这样的环境中耳濡目染、潜移默化，李清照身上渐渐散发出一股文人所独有的静谧诗意。

李清照的母亲也出身于书香世家，是宋神宗元丰年间宰相王珪的长女，精通文学，擅长文墨，具有非凡的文学才华和深厚的文学修养。元丰八年（1085 年），李格非赴汴京（今河南省开封市）任职后，李清照和母亲一起生活。母亲无微不至地照顾她，悉心教导她读书认字，培养她的文学素养。

李家藏书颇丰，李清照自幼便博览群书，书俨然成了她生命中的重要伙伴。加之父母对她的悉心栽培，小小年纪的她对诗词创作的认识，对个人品格的要求，以及对国家社稷的见解，都达到了令人惊叹的高度。

李格非夫妇虽然视女儿为掌上明珠，对她格外宠爱，但对她的教育则宽严相济，不做过分管束，这在那个时代是非常难得的。李清照在这样和谐的氛围下成长，忘情地陶醉在浩瀚书海、一山一水和红花绿叶之中。

在一个午后，李清照依偎在母亲怀里，听母亲讲述古书里的奇闻逸事。听着母亲和风细雨般的讲述，李清照渐渐进入梦乡。梦中，她置身于热闹的集市，街道两旁是高低错落的楼阁，街上到处都是小商小贩，人来人往，川流不息，好一派繁华景象。她穿过拥挤的人群，走到河边，只见杨柳在清风的吹拂下随风飘舞，亭亭玉立的荷花也在风中摇曳。桥上，文人墨客诗兴大发，吟诗作对……

李清照满心欢喜地欣赏着眼前的一切，突然，听到母亲在轻声呼唤她。她一下子被惊醒了，这才发现自己刚才是在做梦。她仔细回味梦中的场景，感觉历历在目，于是对母亲说："我刚才梦见自己站在热闹非凡的街市上，那繁华的景象，好像柳永在《望海潮》中所写的杭州一隅。"

母亲一脸笑意地看着她，说："你是思念远在汴京的父亲了吧？"

从这件平常的小事中可以看出李清照小小年纪就涉猎广博，既能欣赏词作之美，又能"感人之所感""知人之所感"。

童年时期的李清照，无忧无虑、天真烂漫，对万事万物充满了好奇，日常与她相伴的是千古名学，眼里看到的都是花鸟相映成趣。她看到世间的纷繁美好，也饱览了古代的经史典籍，小小的身躯，满腹经纶。琴棋书画，她样样精通，古籍典故，也能信手拈来。一颗善感的心与敏捷的才思，让她能发现生活中点点滴滴的美好。

这一切都得益于家风的熏陶和父母的悉心培育。当同龄女孩还在无忧无虑地玩耍时，她已经开始创作，挥袖便是山水浓墨，弹指便是余音绕梁，张口便是诗词歌赋。小小年纪就声名远播，人人皆知李府千金不仅知书达理、高雅脱俗，而且诗词歌赋、琴棋书画样样精通。

花季少女赋名词

在汴京任职期间，李格非很记挂女儿的学习和成长，经常在信中给女儿列出一些必读书目。李清照的母亲也时常将女儿写的字寄给李格非看。看到女儿写的字不断进步，李格非十分欣慰，为女儿感到骄傲。

时光荏苒，李清照在母亲的悉心照料下，出落得亭亭玉立，尤其是经过书香的熏陶，她貌美如花，内秀如竹。

按宋朝习俗，女子到了十五岁要用簪束发，表示已经成年，这叫作“上头”。“上头”之后，女子就要待字闺中，在深闺观花刺绣，等待她们的将是一辈子相夫教子的漫长时光。恪守妇道、相夫教子就是传统封建礼教为她们安排的生活。

可是，李清照不愿被封建礼教所束缚，像寻常女子那样日复一日地过着沉闷的闺中生活。她的骨子里充满了对自由的向往，闺阁注定不是她唯一的天地。她在文学的世界中饱览人间大美，更渴望阅尽家门外辽阔的大千世界。大自然中的一花一草都散发着自由的气息，碧水青山、花草树木激发她对生活的热情，让她尽情释放个性，找到无穷无尽的乐趣，这才是她所向往的快意人生。

在一个晴空万里的午后，李清照突然产生了出游的兴致，于是约上几个小伙伴一起去荷塘泛舟赏花。几个花季少女无拘无束地在荷塘上划着船，悠然自得地低声歌唱，一颦一笑都散发着青春的朝气，银铃般的笑声不时回荡在荷塘上空。

快乐的时光总是转瞬即逝，不知不觉，太阳下山了。在落日余晖的映衬下，荷塘景色更加迷人，少女们沉醉其中，流连忘返。暮色渐渐深沉，她们准备泛舟离去，却误入藕花深处，只能划船四处游荡，寻找归路，不料惊醒了在水中休憩的沙鸥与白鹭。它们扑打着翅膀，从少女们的头上掠过……

这一幕幕情景定格成一幅幅优美隽永的画面，而每一幅画面都是一首清新的诗。这一年，李清照年方十六。这次出游的经历，后来被她写进《如梦令·常记溪亭日暮》里：

常记溪亭日暮，沉醉不知归路。
兴尽晚回舟，误入藕花深处。
争渡，争渡，惊起一滩鸥鹭。

恣意洒脱的李清照不惧世俗眼光，尽情享受着大千世界带给她的乐趣。她时而静阅诗书，时而外出游玩；时而沉醉于千古名篇，孜孜不倦地汲取着知识的营养，时而泛舟荷塘观赏荷花，看云卷云舒、水鸟高飞。如此随性惬意的生活，使她的词作充满了活泼与写意的气息。

这首《如梦令·常记溪亭日暮》采用中国画的白描笔法，用简洁的笔触描绘了丰富的颜色和声音，给人带来一种立体的美学享受。整首词用词朴素，没有华丽的辞藻，寥寥数语便刻画出李清照和几个好友忘情观花的情景，并且将少女俏丽的神态展现得活灵活现、生动传神。

北宋重文轻武，人们崇尚文学，但是北宋词人多承袭晚唐五代文学之风，创作的多是以爱恨情仇、闲适自得的生活为主题的作品，风格略显轻浮，言之无物。李清照的这首词则展现了健康开朗、活泼灵动的风采，与当时词坛中常见的多愁善感之作形成鲜明对比，更显大气和意境深远。

这首词一经传出，恍如投石入水，激起层层涟漪，轰动了当时的文坛。随着文人墨客的口口相传，李清照声誉鹊起，成为王室贵族、布衣平民的仰慕对象。

惜别故土赴京城

元符元年（1098 年）腊月，李格非写信告知母女二人，他在汴京已经购置了一所新宅，希望她们尽快前往汴京，一家人早日团聚。

一想到可以去汴京见到自己日夜思念的父亲，李清照内心充满了激动和喜悦，但是她想到自己要离开家乡和小伙伴们，心情又变得低落起来。对于家乡，她有太多的不舍，这里带给了她数不尽的快乐和美好记忆。人生中第一次面对别离，李清照倍感忧伤，仿佛无忧无虑的日子即将一去不复返。

李清照的母亲收拾好行李，带着女儿踏上了去往汴京的路。经过十余日的车马劳顿，母女二人终于抵达汴京。汴京是北宋的政治、经济、文化中心，号称“人口逾百万，富庶甲天下”，街市两旁店铺林立，商品琳琅满目。汴河从西向东穿城而过，两岸遍植桃李，河上横跨一座孔桥，大大小小的船只在桥洞中来回穿梭，孔桥上人头攒动，游人如织。汴京繁华的景象令李清照眼界大开，精神振奋，离别的忧伤、行路的劳顿之苦也随之烟消云散。

这一派繁华的景象不正是前人笔下所描绘的情景吗？曾经在书中得以窥探的繁华都市如今赫然在目，更觉生动。李清照站在桥上，凭栏而立，春风拂面，好不惬意。

李清照和母亲来到新家。李格非为官清廉、两袖清风，虽然在朱雀门外置有宅院，但远不如其他官员的宅院奢华。然而，宅院里环境清幽，别有一番韵味，李清照尤其喜欢庭院中那些纤细柔美的竹子。李格非见女儿喜欢竹子，便将宅院命名为“有竹堂”。一直到出嫁，李清照都住在有竹堂里。

在家乡的时候，李清照以山水花鸟为伴，在她眼里，这些都是最美的，可以入诗入画。来到汴京后，她又喜欢上家门外那繁华热闹的都市景象，大街上熙熙攘攘的人群以及热气腾腾的烟火气息，让她眼花缭乱，目不暇接。

对于汴京的一切，李清照充满好奇。身处繁华之中，李清照萌生无限的幻想与渴求。她在心里描绘着未来的日子，不仅有数不清的热闹、看不尽的繁华，闲暇时还可以看飞鸟南归、残阳如血。这样的生活让她感到充满期待，也为她日后的文学创作提供了丰富的素材和灵感。

自是花中第一流

在汴京的日子过得飞快，一年很快接近尾声。春节时的京城，繁华更胜往常。在欢乐的气氛中，李清照度过了迁居京城后的第一个新年，给她留下深刻印象的是大年初一的热闹场景：街道两旁摆满了各式各样的小摊、舞台，杂耍、戏剧、杂剧、评书等表演层出不穷，吸引了很多前来观赏的人，街上人山人海。

这一年的春节对于老百姓而言，意义非凡。初七当天，宋哲宗亲临宣德楼，与百姓一同观看精彩的节目表演。李清照第一次感受如此盛况，心中的震撼难以言表。她太喜欢京城的繁华与美景了，迫不及待地想要将自己的所见所闻寄于笔端。

热闹过后，李府恢复了往日的平静，李清照也开始静下心来阅读史学名篇。这天，她读到屈原穷尽一生写下的不朽之作《离骚》，发现书中记录了诸多名花草木，却偏偏缺记了一株淡黄的桂花。她不禁感慨，这位千古名士似乎还缺少一点情思。于是，稍加酝酿后，她提笔作词，一首流传千古的佳作《鹧鸪天·桂花》就此诞生：

暗淡轻黄体性柔，情疏迹远只香留。
何须浅碧轻红色，自是花中第一流。
梅定妒，菊应羞，画阑开处冠中秋。
骚人可煞无情思，何事当年不见收。

这首《鹧鸪天·桂花》与世人熟知的《如梦令·常记溪

亭日暮》相比，更能显出李清照的文化底蕴。

李清照一向惜花，不仅爱春天的繁花似锦、夏天的百花争艳、冬天的寒梅傲雪，更爱秋天桂花的暗香扑鼻。在李清照看来，桂花之美虽不如春日繁花，却以其独特的暗香而被称为秋天里的“百花之首”。它貌不惊人，色不诱人，却暗淡清香，不留恋红尘世俗，只将芳香留给人间。这正是李清照自身的写照。

在十大名花（梅花、牡丹、菊花、兰花、月季、杜鹃、茶花、荷花、桂花、水仙）中，唯独桂花不凭外形入围，仅凭暗香便胜过百花，难怪历代文人墨客为其倾倒，赋诗赞颂。李白沉醉于它的姿态：“安知南山桂，绿叶垂芳根。”刘禹锡称赞它的独特：“莫羡三春桃与李，桂花成实向秋荣。”宋之问更是为它的芬芳着迷：“桂子月中落，天香云外飘。”

在词中，李清照对屈原冷落了桂花表示遗憾：“骚人可煞无情思，何事当年不见收。”或许是年少气盛，或许是对桂花的偏爱，使得她以这种热烈而直接的方式为桂花打抱不平。

尽管李清照创作此词时带有些许年轻气盛的得意与骄

傲，但如此亮丽清新、精心雕琢的绝妙词作也使她的才情展露无遗。她的词作如同她本人，卓尔不群，“自是花中第一流”。

誉满京城诗名盛

李格非文笔出众、性格直爽、为官清廉，在京城颇有名声。李家在汴京定居后，吸引了不少文人士子登门拜访。一时间，有竹堂成了汴京文人聚会、谈诗论学的知名场所。李格非的生活充满了“谈笑有鸿儒，往来无白丁”的雅致，这种氛围也让李清照受益匪浅。李格非与客人议论的时候，也常常展示爱女的作品，引得众人赞不绝口。

在前来拜访的文人士子中，李格非与苏轼及其门人黄庭坚、晁补之、张耒、秦观、陈师道等人来往密切。晁补之作为李格非多年的好友，更是李府的常客。因为仕途多舛，晁补之有点心灰意冷，于是经常到李府与李格非品诗论茶，谈天说地。

一天，李格非偶然翻出李清照写的《如梦令·常记溪亭日暮》，晁补之看后惊叹不已，问道：“这是谁写的？”

李格非回答：“这是小女李清照的日常随笔，登不了大雅之堂。”

晁补之微微点头，赞许地说：“这首词意境优美，语言灵动活泼，朗朗上口，结尾意犹未尽，耐人寻味。”

晁补之又细细品读了一遍，不由自主地沉醉在那清新婉约的词风中，仿佛置身于春风吹拂的麦田，感受着一股沁人心脾的清香。李格非察言观色，看得出晁补之对李清照的文学才华非常认可，于是请晁补之当李清照的老师，指导她读书写作，学习为人之道。

若是换作其他人，晁补之未必会答应，但是他对李清照的才华非常欣赏，于是答应了李格非的请求。

当时，对于女子写作，人们普遍持有偏见，认为女子应该只读不写，即使通读经典、博览群书，也不宜作文；即使创作诗文，也不宜外传。晁补之却打破世俗偏见，不仅肯定李清照的文学才华，还向友人、同僚推荐李清照的作品。在晁补之的极力推崇下，李清照的这首词很快就传遍京城。汴京的文人无不拍案叫绝，惊叹于这首词竟是出自一个花季少女之手。

拜师之后，李清照深居简出，开始在家钻研文学诗词。晁补之对李清照的欣赏，正如当年苏轼对晁补之的器重。说来也巧，晁补之的经历与李清照有很多相似之处。晁补之生于官宦世家，在书香门第中成长，自幼天资聪颖，饱读诗书，能够日诵千言而不忘。后来，他有幸拜大文豪苏轼为师，与黄庭坚、秦观、张耒并称“苏门四学士”。

晁补之倾囊相授，将自己的毕生所学传授给李清照，并且对李清照提出的问题总是耐心地给予解答。与此同时，李格非与一批士大夫谈诗论文，交往唱和，也对李清照的文学创作及思想产生了深刻的影响。在晁补之的教导下，李清照的文学造诣突飞猛进，加上她在京城接触了更广阔的世界，开阔了眼界，增长了见识，无论是飞鸟南巡还是开花结果，在她的笔下总能化作绝美的词句，展现出如花一般的绚烂诗意。

李格非的好友张耒曾作一首七言诗《读中兴颂碑》，记叙了郭子仪等大唐中兴名臣平定安史之乱的史实，赞颂了众中兴功臣为保国安民而血战沙场的英勇无畏的精神。李清照读后，直言张耒只看到中兴功臣平乱的事实，却忽略了唐王朝政治的弊端和安史之乱中唐王朝军队一败涂地的原因，于是奋笔疾书，写下和诗《浯溪中兴颂诗和张文潜二首》：

其一

五十年功如电扫，华清宫柳咸阳草。

五坊供奉斗鸡儿，酒肉堆中不知老。

胡兵忽自天上来，逆胡亦是奸雄才。

…………

君不见当时张说最多机，虽生已被姚崇卖。

其二

君不见惊人废兴传天宝，中兴碑上今生草。

不知负国有奸雄，但说成功尊国老。

…………

呜呼！奴辈乃不能道辅国用事张后专，

乃能念春荠长安作斤卖。

李清照在诗作中表现出非凡的历史见识与政治眼光，超拔卓越，气势逼人。宋代大儒朱熹曾给予高度评价：“如此等语，岂女子所能？”

随着李清照的才气渐渐为人所知，她的名声也日益显赫。年纪轻轻的李清照在北宋文坛崭露头角，成为北宋文坛中一颗耀眼的新星。在人才济济、名士云集的京城，她的文学才华与早已声名显赫的黄庭坚、晁补之、张耒等人齐名。

这个时候的李清照，依然保持着洒脱不羁、乐观旷达的心态。天性豪迈的她，还与酒结下了不解之缘。

在一个春天的晚上，雨点稀疏，晚风迅急。春天的夜晚本应宁静温馨，使人甜甜入睡，偏偏那风雨不知趣，赶来搅场，搅乱了人的睡兴。李清照心绪如潮，无法入睡，索性开怀畅饮，借酒排遣忧愁。酒喝多了，睡意就上来了，她倒头和衣而眠，一觉醒来，天已大亮。昨夜睡眼蒙眬时，她心里还记挂着院子里正开得绚烂的海棠花，挣扎着想去看看，但酒醉浑身乏力，最终还是睡着了。

李清照听到侍女在外面收拾房屋，启户卷帘，急忙问道：“院子里的海棠花怎么样了？”

侍女笑着回道：“海棠花依旧绚烂。”

这一夜狂风骤雨，海棠花怎么可能一点儿也不受影响呢？李清照听了叹气道：“你再仔细看看，难道看不出来那红的少了，绿的多了吗？”李清照沉吟片刻，提笔写下《如梦令·昨夜雨疏风骤》：

昨夜雨疏风骤，浓睡不消残酒。
试问卷帘人，却道海棠依旧。
知否，知否？应是绿肥红瘦。

此词一经传出，立刻在京城引起轰动，成为文人墨客茶余饭后议论的焦点。全词总共六句，仅三十三个字，景、物、人、酒连成一体，给人们带来了强烈的镜头感，让人仿佛置身其中，目睹疾风骤雨肆虐庭院，摧残海棠一般。

最后一句中的“绿肥红瘦”乃点睛传神之笔。“绿肥”，是说海棠的叶子经过雨水浇灌之后更加肥大、茂盛，可是昨天晚上风那么大，海棠花难免受到摧残，可能已经凋零了，所以说“红瘦”。李清照触景生情，惜花伤春，感叹韶华易逝、红颜易老，美好的青春年华就像院子里的海棠花一般转瞬凋零。

正是因为心存对美好生活的向往以及发自内心的爱花、惜花之情，当李清照看到满地落红的情景时，那海棠凋零、枯萎的痕迹便在她的心头久久不散，令她心中时常升起点点滴滴的惆怅。

北宋时期，伤春悲秋的诗词可以说数不胜数，但李清照的这首词与同期作品相比，显得别具一格。词作通篇没有华丽的辞藻，也没有夸张的修饰，寥寥数语便让人回味无穷，在中国文学的诗卷上留下了绚烂璀璨的一笔。

有人评价说，能够与李清照此词相媲美的，只有苏轼所写的《海棠》："东风袅袅泛崇光，香雾空蒙月转廊。只恐夜深花睡去，故烧高烛照红妆。"

苏轼和李清照都是北宋诗词大家，二人词风不同，一为豪放派，一为婉约派，但他们对海棠的相惜之情却如此相似。"只恐夜深花睡去，故烧高烛照红妆。"词人生怕夜深之后，海棠花被黑暗吞没，黯然失色，于是点燃蜡烛，让烛光照着那风姿绰约的海棠花，可谓惜花成痴。其实，爱花之人大多如此，为花开而喜，为花落而悲，闻花香而醉，观花姿而迷。

纯真灵动的李清照将花开花落描绘得如此细腻，将浓厚的惜花之情表现得淋漓尽致，其豪放洒脱的性情深受世代文人喜爱。与李清照同时代的学者王灼评价说："易安居士……自少年便有诗名，才力华赡，逼近前辈，士大夫中已不多得，若本朝妇人，当推词采第一。"

历史知识小贴士

苏 轼

苏轼（1037—1101），眉州眉山（今四川省眉山市）人，北宋著名文学家、书法家、画家。自号东坡居士，世称“苏东坡”。

苏轼生于耕读世家，幼年受到良好的教育。嘉祐二年（1057年），参加殿试，进士及第。嘉祐六年（1061年），参加制科考试，成绩突出，被授大理评事、签书凤翔府判官。熙宁四年（1071年），上书议论新法弊病，触怒王安石，受到朝中大臣弹劾，自请离开京城到外地任职，先后担任杭州通判、密州知州、徐州知州、湖州知州。元丰二年（1079 年），因“乌台诗案”被贬为黄州团练副使。元丰八年（1085 年），宋哲宗即位后，先后出任登州（今山东省烟台市蓬莱区）知州、起居舍人、中书舍人、翰林学士、知制诰，不久又遭人诬陷，被外放至杭州、颍州（今安徽省阜阳市）、扬州、定州（今河北省定州市）等地任职。绍圣元年（1094 年），被贬至惠州（今广东省惠州市）。绍圣四年（1097 年），被贬至荒凉边远的儋州（今海南省儋州市）。元符三年（1100 年）四月，朝廷大赦天下，苏轼获释，重获自由，北上回归故土。建中靖国元年（1101 年）七月二十八日，苏轼于常州病逝。

苏轼学识渊博，才华横溢，在散文、诗、词、书、画等领域都取得了很高的成就。他的文章联想丰富、文理并重、收放自如，与欧阳修并称“欧苏”；他的诗题材广泛，格调清新，寓意深刻，趣味盎然，与黄庭坚并称“苏黄”；他的词意境开阔，气势雄放，情感激越，开豪放一派，与辛弃疾并称“苏辛”；他的书法笔墨沉稳，结构严谨，曲折有致，与黄庭坚、米芾、蔡襄并称“宋四家”；他的绘画题材广阔，构图简洁，笔触生动，疏朗清旷，独树一帜。

苏轼是继欧阳修之后的北宋文坛领袖，为推动北宋文学的繁荣作出了重大贡献，后人将他与韩愈、柳宗元、欧阳修、苏洵、苏辙、王安石、曾巩并称为“唐宋八大家”。

晁补之

晁补之（1053—1110），济州巨野（今山东省菏泽市巨野县）人，北宋文学家，“苏门四学士”之一。

晁补之天性聪慧，记忆力很强，刚刚懂事就能写文章。十七岁时，他的父亲到杭州做官，他也随同前往，并且携带自己的文章去见时任杭州通判的大文豪苏轼。苏轼读了他的文章后赞叹不已，从此晁补之的名字开始为人知晓。

元丰二年（1079年），晁补之参加科举考试，进士及第，宋神宗看了他的文章也大为赞赏。之后，他历任澶州司户参军、北京（今河北省大名县）国子监教授、秘书省正字、校书郎、扬州通判、著作佐郎。后因党争被贬官而离开京城，担任齐州知州。绍圣元年（1094年），因编纂《神宗实录》失实，被贬往应天府、亳州等地。宋徽宗继位后，晁补之升为吏部员外郎、礼部郎中。不久又被贬官，先后到河中府（今山西省永济市）、湖州、密州（今山东省诸城市）、果州（今四川省南充市）等地任职。大观二年（1108年），晁补之离职回到家中，效仿陶渊明，过着自耕自食的田园生活。大观四年（1110年），又被朝廷起用为达州知州，后改任泗州（今江苏省盱眙县）知州，赴任不久后去世。

晁补之博学多才，在诗文书画等方面都取得了较高的成就，与黄庭坚、秦观、张耒齐名，并称“苏门四学士”，与张耒并称“晁张”。

第二章

琴瑟和鸣，伉俪情深

元符三年（1100年），李清照在京城与官宦子弟、太学学生赵明诚相遇，二人一见钟情，于次年结为伉俪。婚后，李清照与赵明诚情投意合，相亲相爱，共同研究金石学，生活里充满了诗意与甜蜜。可惜好景不长，李清照的父亲李格非陷入朝廷政治斗争的旋涡中，被罢免官职；李清照也受到牵连，被迫与赵明诚分离。夫妻分离期间，李清照创作了《醉花阴》《一剪梅》等词，倾诉自己对丈夫的深切思念，表达了对夫妻重逢的渴望。

初遇明诚情窦开

时光如梭，不经意间，李清照已经到了适婚的年龄。盛名在外的她，以婉约的才思吸引着无数仰慕的目光。

一个春光烂漫的日子，有一人突然闯入李清照的心扉，扰乱了她的心神。

那天早晨，李清照与丫鬟们在庭院中玩耍，欢快的笑声回荡在整个庭院中。暖阳之下，李清照莲步轻移，坐上秋千，丫鬟们推着秋千。李清照随着秋千上下摇曳，罗衣轻飞，身姿轻盈如燕，好不惬意。

玩得累了，李清照从秋千上起身，轻拍双手，慵懒随性地整理了一下衣裙。她的衣衫已经被汗水浸湿，再看庭院里娇弱的花枝上，露珠晶莹，花似少女，此情此景交相辉映，美妙无比，宛若仙境。

这时，有客人进入花园，李清照匆忙回避，连鞋子都顾不上穿，只穿着袜子就溜了。李清照带着几分羞涩，疾步而走，但并不是头也不回，而是倚靠着门扉，偷偷地回首望向客人。客人也正好向她望去，四目相对，双方都有些惶恐。

为了掩饰心头的尴尬，李清照随手拾起一枝青梅，故作轻嗅之状，那花香扑鼻而来，抚平了她心头的不安与娇羞。情动于中，发乎其外，李清照思绪涌动，随口吟出《点绛唇·蹴罢秋千》：

蹴罢秋千，起来慵整纤纤手。露浓花瘦，薄汗轻衣透。见客入来，袜刬金钗溜。和羞走，倚门回首，却把青梅嗅。

短短四十一个字，描绘情窦初开的少女见到丰神俊逸的翩翩少年，既惊诧惶恐又含羞好奇，假装嗅青梅来掩饰自己偷看客人的娇羞。少女羞中带怯，怯中带痴，举止大方又不失矜持，羞怯腼腆又含情脉脉，一个天真无邪、情感丰富、娇羞可爱的少女形象跃然纸上。

有谁不曾年少过，又有谁不怀念旧时的美好时光。多少年前，日暮溪亭那个青涩的小女孩，沉醉在夜幕下的荷塘里，玩得尽兴而忘记了归路。她轻轻执笔，把一桩桩美好的心事，用一首首词娓娓道来。

少女情怀总是诗，其中微妙复杂的情感只可意会，就像晨光下的露珠一般闪烁不定，或许只有在花间起舞的蝴蝶才知道李清照那时那刻的心境。

要知道，在那个年代，男女婚嫁从来都是遵从父母之命、媒妁之言，青年男女无法自己掌控自己的婚姻。然而李清照是幸运的，她的父母十分开明。上天也仿佛对她无比眷顾，父母为她选定的夫君竟难得地与她一见如故，灵犀相通。

或许日后回首往事，李清照依旧会想起那一年在秋千架旁手执青梅故作镇定的一幕。其实，李清照在秋千架旁看见赵明诚的时候，便想起自己初到汴京之时，似乎与他有过一面之缘。

那天，李清照随父亲来到太学后面的古董街。街道两旁琳琅满目的文物与古书典籍吸引着文人墨客，一派热闹非凡的景象。

李清照坐在轿子里，突然听到帘外传来一阵喧哗，于是掀开帘子想看看是什么情况，只见一位怀抱古籍的男子正站在轿旁。他看到轿子里的李清照，一时愣住了，手中的古籍散落一地也顾不上去捡拾。李清照见状不禁莞尔一笑。这个男子就是赵明诚。

那次偶然相遇，让李清照记住了赵明诚那手足无措的憨厚模样。当时的她并不知道，眼前这位热爱古籍的男子将成为自己未来的夫君，所以现在重遇赵明诚，她看着那熟悉的面容，心里已有了几分好感。冥冥之中自有天意，本来素不相识的二人，不期而遇后便将彼此藏于心间。

李清照沉浸在美好的回忆之中，同时又有一种难以名状的情思郁结于心。她只能诉诸笔端，以文字抒发相思之情，一首名词《浣溪沙》就此诞生：

绣面芙蓉一笑开，斜偎宝鸭衬香腮，眼波才动被人猜。

一面风情深有韵，半笺娇恨寄幽怀，月移花影约重来。

女子嫣然一笑，美丽活泼；眼波流转，细腻羞涩；凝视花月，苦苦思恋；写信抒怀，大胆追求。抬头望去，已是月上梢头，花影在皎洁的月光下换了位置。如此良辰美景，正是少男少女相会的好时机。

关于二人相遇，后世还流传着赵明诚年少时发生的一件轶事。

相传赵明诚年少时，沉迷于学术研究，无暇顾及自己的婚事，而他的父亲赵挺之则很关心他的人生大事。

一个风和日丽的午后，赵明诚读书读累了，回到内屋小憩。他梦见自己手捧书卷，诵读着书中的名篇佳作，醒来后却不记得书中内容，只模模糊糊地记得几句话："言与司合，安上已脱，芝芙草拔。"

赵明诚百思不得其解，就去请教父亲。赵挺之听了儿子所说的梦境，思索片刻后笑着说："你的终身大事将有好消息了。"接着，他详细地解释道："'言与司合'便是'词'，'安上已脱'便是'女'，'芝芙草拔'则无疑是'之夫'二字。如此说来，梦中所言岂不是词女之夫吗？"

赵明诚听罢，不由喜上眉梢，原来这个梦是暗示自己日后将娶词女为妻。

这个故事显然是后人的美好想象，是根据"词女之夫"杜撰出来的。

也有野史记载，赵挺之曾托人到李格非家提亲，为儿子求娶李清照。赵挺之此举是拉拢李格非的手段。自王安石变法以来，朝廷中分成新党与旧党两派，赵挺之是新党支持变法，李格非是旧党反对变法。更巧的是，李清照与赵明诚相识那年，宋徽宗刚继位不久，希望新党与旧党和睦相处。为了巩固自身的利益，赵挺之把目光投向政敌李格非，于是才有了他前往李府提亲之事。

无论以上说法是真是假，总的来说，促成这桩好事的原因有几个：第一，两家门当户对，赵挺之是礼部侍郎，李格非是礼部员外郎；第二，两家是同乡（赵挺之是密州诸城县即今山东省诸城市人），风俗习惯一致，有更多的共同语言；第三，也是最重要的一点，李清照和赵明诚志同道合，志趣相投。李清照才华横溢，赵明诚则酷爱金石书画，又是太学学生。能够在宋朝最高学府太学学习，可见他也负有才气，因为当时的太学生就是朝廷官员候选人。

二人的结合是一种文化和精神上的共鸣。他们除了在文学上都颇有造诣之外，对于金石的研究也是志趣相投。如此看来，他们二人是佳偶天成，天作之合。

琴瑟和鸣传佳话

建中靖国元年（1101 年），李清照正式结束待字闺中的生活，头戴凤冠，身穿婚服，坐上花轿，在迎亲队伍的护送下，踏上了全新的人生之旅。

李清照内心既忐忑不安，又激动不已。在有竹堂生活的点点滴滴，都将在时光里慢慢褪色，尽管心中有着太多的不舍，但她依然对未来的生活充满期待。因为在花轿的那一头，等待她的是一位少年英才和一种琴瑟和鸣的生活。

伴随着欢天喜地的锣鼓声，李清照来到了赵府。此时，她心中还有一些不舍与不安，但一想到即将见到意中人，她满腔的欢喜又溢于言表。

李清照觉得，眼前的一切好像在做梦。在最美好的年华遇见了那个情投意合的人，并且与之喜结连理，李清照是幸福的，这也恰好应了她此前所作的词句："绣面芙蓉一笑开，斜偎宝鸭衬香腮。"

婚后，李清照与赵明诚琴瑟和鸣，相敬如宾，成为汴京城里的一段佳话。如此良缘，实在让人无比羡慕。

李清照与赵明诚的婚后生活甜蜜而充实，在赵明诚的影响下，天资聪颖的李清照对金石学也产生了浓厚的兴趣。夫妻二人经常到汴京著名的古玩市场——大相国寺搜集文物。李清照经常帮助丈夫搜求、鉴别字画与书帖。有时求得上好的书画，二人都喜出望外，爱不释手。

为了购得古物字画，夫妻二人不惜节衣缩食。有时他们看中了一个文物，但是买不起，赵明诚就把自己的衣物拿到典当行里换取银两购买文物。把文物买回家之后，二人一起品味欣赏。生活虽然清贫，但夫妻俩都乐在其中。

一天，一个文物贩子前来拜访他们，并且带来了五代南唐画家徐熙的《牡丹图》。

赵明诚惊讶地问："这真的是徐熙的《牡丹图》吗？"

"我自小见过不少名家书画，久闻徐熙大名，这真的是徐熙的真迹吗？"李清照也十分惊讶地问。

夫妻二人小心翼翼地将《牡丹图》徐徐展开，一边端详着画卷，一边啧啧称奇。

徐熙是五代时期南唐的杰出画家，为南唐后主李煜所欣赏，在宋代也享有很高的声誉。宋太宗看过徐熙所画的

《石榴图》后，赞道："花果之妙，吾独知有熙矣，其余不足观也。"

赵明诚和李清照经过认真的欣赏与鉴别后，认定文物贩子带来的这幅《牡丹图》是徐熙的真迹。他们对这幅画爱不释手，但是也知道这幅画肯定价值不菲。

文物贩子知道二人对文物极为痴迷，出价二十万文，说："这么宝贵的文物，就应该留在懂得欣赏它的人手里，你们好好考虑考虑。"

二十万文对赵明诚和李清照来说是笔巨款，无论如何也无法筹到，最后只得忍痛割爱，把《牡丹图》还给了文物贩子。夫妻俩为此惋惜了很多天。

由于共同的兴趣爱好以及学问和艺术上的相互支持，李清照和赵明诚的感情越来越深。二人总是夫唱妇随，惹人羡慕。二人婚后还流传有赌书泼茶等趣闻，给平凡的生活增添了一些趣味。在《金石录后序》中，李清照记录了自己与赵明诚婚姻生活中的趣事：

余性偶强记，每饭罢，坐归来堂，烹茶，指堆积书史，言某事在某书、某卷、第几页、第几行，以中否角胜负，为饮茶先后。中即举杯大笑，至茶倾覆怀中，反不得饮而起……

李清照和赵明诚都喜欢读书、藏书。李清照记忆力惊人，每次饭后闲暇之时，就与赵明诚用比赛的方式决定饮茶的先后顺序。一人问某典故是出自哪本书哪一卷的第几页第几行，对方答中就先喝茶。有时玩得尽兴，他们还争着饮茶，将茶水洒了一身，引得双方都大笑不已。这一幕成为流传千古的佳话。后来，世人以“赌书泼茶”一词来形容夫妻之间相敬如宾、琴瑟和鸣的美好状态。清代著名词人纳兰性德也因此写道：“赌书消得泼茶香，当时只道是寻常。”

婚后不久，赵明诚作为太学生，必须回太学继续学习，只有每个月的初一、十五才能回家。新婚宴尔，夫妻便要分居两地，但是为了支持丈夫学习深造，李清照不得不舍弃新婚的甜蜜，勉励丈夫以学业为重。

在那个年代，多少读书人寒窗苦读，为的就是建功立业、保国安民。自古以来便有无数诗词对男儿这种赤心报国的精神加以赞赏，比如唐代诗人李贺笔下的“男儿何不带吴钩，收取关山五十州”，就是他对男儿驰骋疆场、报效国家的志向的赞美。

有一年上元节，赵明诚回家探亲。他到家后马上奔往书房去看望妻子，却没看到妻子的身影，只看到有新搜集来的古玩器物，于是坐下来仔细玩赏。

突然，侍女匆忙进来，告知门外有一年轻公子求见。赵明诚还未反应过来，就见一位“年轻公子”身穿蓝色锦袍，翩翩而来，举手投足之间尽显儒雅气派。

赵明诚见“年轻公子”举止文雅，连忙起身行礼，问道：“敢问仁兄尊姓大名？”

来客作揖，笑着说：“小生与兄台素有同窗之谊，半月不见，兄台为何如此健忘？”

赵明诚一听更加疑惑了，定睛一看，原来这位“年轻公子”正是自己的妻子，二人不禁相视而笑。

这之后，李清照多次女扮男装，与赵明诚同游相国寺。男装出行，举手投足便不必太在意女子仪态，可以玩得无拘无束。

一天中午小憩过后，赵明诚与李清照一起来到大相国寺。路过一个小摊时，赵明诚随手拿起一个精美别致的梳妆镜，买下来送给李清照。李清照十分高兴，拿在手里不停地把玩。

天气乍暖还寒，京城的春意越来越浓。他们并肩走在街上，街道两旁小商贩的吆喝声此起彼伏。一个小商贩卖的梅花引起了李清照的注意，只见一个个红色的花骨朵含苞欲放，正在积蓄能量，只待那春风再吹暖一点，它们就会争先恐后地绽放……

李清照素来爱花、惜花，见梅花绽放，身旁又有爱人相伴，心中无比欢喜。枝上梅花三三两两，或有花苞傲立枝头，或迎风吐蕊绽放，颜色深深浅浅，惹人喜爱。她无意中看见一旁的赵明诚也望着花入了迷，心中突然生出好胜之心，于是买来梅花插在云鬓间，然后问赵明诚，是花美还是人美。

李清照还用一首《减字木兰花》记录了当时的情景：

卖花担上，买得一枝春欲放。泪染轻匀，犹带彤霞晓露痕。
怕郎猜道，奴面不如花面好。云鬓斜簪，徒要教郎比并看。

疏花点点，暗香浮动，在享受暖阳的同时，觅一场惬意。短短数语，便把当时的场景刻画得栩栩如生，从赏花、戴花到比花，李清照纯真且爱美的天性展露无遗，既写出了少女情思，也透露出夫妻二人的甜蜜，含蓄蕴藉，留有余味。这便是李清照与赵明诚欢聚的美好幸福时光，总有无尽的乐趣。

后世评论家把这首《减字木兰花》看作李清照诗词的一个分界点，是对这首作品艺术价值和历史地位的高度认可。

帘卷西风黄花瘦

相聚时轻柔而悠闲的时光总是稍纵即逝。多情自古伤离别，与爱人分别后，李清照的日子又开始变得索然无味，无比漫长。

转眼又到了重阳佳节，本该是亲人团聚的节日，李清照身边却“遍插茱萸少一人”。她独自凝望月亮，心中滋生了“每逢佳节倍思亲”的愁绪。这愁绪让她备受煎熬，日渐消瘦。黄昏降临，愁绪又增加了几分，她独自一人饮起酒来，试图借酒消愁。

可是，浓烈的愁并没有消解半分，对夫君的思念反而更加浓烈，她只能把汹涌的情感寄诸笔端，写下一首首惊世佳作。重阳的夜，寒意袭人，风呼呼地从纱窗吹进屋来，愁思撩人，夜不能寐，她索性从床上起来，以一首《醉花阴》寄托相思之情。

薄雾浓云愁永昼，瑞脑销金兽。佳节又重阳，玉枕纱厨，半夜凉初透。

东篱把酒黄昏后，有暗香盈袖。莫道不销魂，帘卷西风，人比黄花瘦。

赵明诚收到李清照寄来的《醉花阴》后，赞叹不已。当时人们都认为赵明诚的文学才华不如李清照，赵明诚心中未免有些不服，这次收到妻子寄来的词，他决定和词一首，欲与妻子一较高下。

赵明诚闭门苦思数日，废寝忘食，精心创作了一首词，并将《醉花阴》掺杂其中，与自己的好友陆德夫分享。陆德夫看后称赞道："明诚兄啊，这一次你总算出了头！你这次写的词比李清照的词更胜一筹，其中有三句，我想李清照都写不出来。"

赵明诚急切地追问："哪三句？"

陆德夫缓缓道来："莫道不销魂，帘卷西风，人比黄花瘦。"

赵明诚一听顿时愣住了，随即哈哈大笑，说道："就这三句是李清照写的，其余都是我写的。"

自此以后，赵明诚对妻子心服口服，也更加努力钻研学问。

两年的太学学习生涯终于结束了，赵明诚学成归来。但是，赵明诚在他父亲赵挺之的要求下决定外出做官。

在李清照一心期盼夫君归来时，她的父亲李格非不幸遭遇了政治生涯中的一场劫难——被朝廷贬官。

当时朝廷局势动荡，宋哲宗驾崩，宋徽宗继位，改元崇宁。奸臣蔡京执掌政权，与他站在同一阵线的赵挺之跟着平步青云，几年之内，两度拜相。

宋神宗在位时，曾任用王安石为宰相，主持变法。朝廷中对王安石变法有支持的，也有反对的，两派各执己见，互相攻讦，直到宋徽宗时依然争论不休。其中，以司马光为首的旧党官员反对新法，苏轼也是旧党的一员。由于变法各别条例损害了百姓的利益，百姓们怨声载道，旧党官员乘机攻击新法，反对变法的呼声一浪高过一浪，宋神宗被迫停止变法，王安石也被罢免了丞相之位。

变法中止后，很多新党官员的利益受到损害，他们对旧党怀恨在心，试图报复旧党，于是双方展开了一连串的争斗。

宋神宗驾崩后，宋哲宗继位，改元元祐。因宋哲宗年幼，宋神宗的母亲高太后便临朝听政。她反对新法，起用旧党领袖司马光主管朝政，苏轼等旧党官员也重新受到重用，老百姓过了一段安居乐业的日子。到元祐八年（1093 年），高太后驾鹤西去，宋哲宗再次推行新法。在苏轼的引荐下，胸怀抱负的李格非正式出仕，也成了旧党一员。

宋哲宗驾崩后，宋徽宗继位，想要进一步推行新法。深知皇上意图的蔡京预谋除掉苏轼等人，于是拉拢赵挺之，对元祐年间曾被高太后重用的旧党官员冠以“元祐党人”之名，将司马光、苏轼、苏辙、黄庭坚、秦观等三百余人列为奸党，并将他们的姓名刻在石碑（即“元祐党籍碑”）上，颁布天下，借以羞辱、打压、排挤政敌。李清照的父亲李格非受到牵连，于崇宁元年（1102 年）被贬去职务，遣离汴京。李清照听到消息后，心急如焚，想方设法帮助父亲渡过难关，但赵挺之却下令家仆监视李清照，限制她的行动。

李清照自从嫁到赵家，从未卑躬屈膝，但是现在父亲遭遇不幸，她不得不主动示弱。她写了一首情感真挚的救父诗给公公赵挺之，希望他能够出手救助父亲李格非。

但大权在握的赵挺之毫不留情，为了巩固自己的地位，他对李格非等人采取“宁错勿放”的手段，将一众元祐旧党驱逐出京。

面对赵挺之的绝情，李清照十分寒心，无比痛恨自己的公公。想到一生品行端正、为官清廉的父亲，被贬官离京，她内心痛苦万分，于是写下“炙手可热心可寒，何况人间父子情”的诗句，表达她对赵府及赵挺之的不满。

也许从嫁入赵家那天起，李清照的命运便已注定。赵挺之和李格非本是一对政敌，与李家联姻不过是赵挺之拉拢李格非的手段。李清照本以为她和赵明诚是命中注定的良缘，其实却是赵挺之一场有预谋的政治联姻。两情相悦的爱情曾经让她无比向往婚后的生活，可到头来终成失望。

李格非被贬官离京后，返回家乡明水镇。一夜之间，这个无比繁华的京城在李清照眼里便不复从前，这个曾经带给她无尽乐趣的京城也不再让她留恋，反而让她心生反感。

夜深人静，多少往事随风入梦，李清照变得越发沉默寡言。她常常站在桂花树下，想念自己童年时无忧无虑的生活，想念新婚宴尔的郎情妾意……此时的她，只想尽快逃离戒备森严的赵府，回到熟悉而温暖的娘家，承欢于父母膝下，以抚慰父亲那颗受伤的心。

很快，又传来了更坏的消息。崇宁二年（1103 年）九月，宋徽宗昭告天下：“宗室不得与元祐奸党子孙通婚。”这使李清照在赵府的地位更加低下，赵府上下无人问候她、关心她，而远在他乡的赵明诚也不知何日才能归来。李清照在赵府形单影只，孤苦无助。

面对功名利禄，赵挺之从来都是贪心的。此时的他已升任吏部尚书，身居朝廷要职，按说是有能力保护李清照的。但是他没有这样做，而是选择将李清照逐出京城，以便讨好皇帝，拉近赵家与皇室之间的距离，同时也是为了让儿子赵明诚在仕途上能够快速升迁。

很快，赵府向李清照发出了逐客令。离开赵府前，李清照依依不舍地看了看自己居住的房间，那些平凡、温馨的往事一一浮现在她的眼前。只不过，丈夫早就离家外出做官，而她也即将离京，人去屋空，人走席冷，令她倍觉伤感。

花自飘零水自流

据史学家研究以及《金石录后序》记载，李清照因父亲在朝廷党争中被无辜贬官离京而受到牵连，被迫离京，乘船返回家乡。沿途所见的一切勾起了她对丈夫的思念，于是写下愁情万丈的千古名作《一剪梅》：

红藕香残玉簟秋。轻解罗裳，独上兰舟。
云中谁寄锦书来，雁字回时，月满西楼。
花自飘零水自流。一种相思，两处闲愁。
此情无计可消除，才下眉头，却上心头。

不经意间，初秋的寒意袭来，荷塘里的荷花已经凋零，余香犹在。那独守空房的时光，清冷而孤寂。

回想起昔日夫妻结伴泛舟湖上的情景，唯有叹息。曾经的朝夕相伴已不复存在，为消解情思，她只能一次次独自乘舟游湖，回想着平日里的种种烦心事，恨不得乘舟离去，却又万般不舍。

南飞的鸿雁已经返回，皎洁的月光照着西楼，想来此时寻常人家早已团聚一堂，而她却求不得一封家书，只能任由思念蔓延，无法排遣。每逢此刻，紧蹙的愁眉刚刚舒展，愁思却又涌上心头，内心的绵绵愁苦挥之不去。

一连数日的赶路令李清照身心俱疲。她为父亲的不幸遭遇牵肠挂肚,对夫君的思念及怨恨交织也让她内心五味杂陈，形神憔悴。

回到明水镇后，李清照与父母重新整理故居，曾经活泼好动的她如今鲜见欢颜，变得忧郁而寡言。她内心依然期盼与赵明诚相聚，恰如苏轼在《江城子·乙卯正月二十日夜纪梦》中描绘夫妻重逢的画面：“夜来幽梦忽还乡。小轩窗，正梳妆。相顾无言，唯有泪千行。”

不经意间，一年过去了，李家的生活重新归于宁静。当花香扑鼻时，李清照又想起了那年与赵明诚同游大相国寺的快乐时光，以及赵明诚出仕时自己目送他离开的场景，仿佛那一去就是永别。

这一年来，她时常在寂静的深夜里默默哭泣，不知度过了多少个无眠的夜晚，陪伴她的只有窗外的花开花落。明水镇与汴京相距千里之遥，她只能在梦中与夫君相见，使内心的思念之情稍稍得到缓解。这桩婚姻使她感受到人生的美好，也使她领略了生活的无奈。

在这一年里，赵明诚是否也曾为了李清照而寝食难安、思潮汹涌呢？左右为难的他，在父亲与爱妻之间又会如何抉择？史书中没有明确记载赵明诚在这次“元祐党争”中的作为，但从陈师道写给黄庭坚的信中可以看出，这段时间赵明诚与父亲的关系并不和谐。陈师道在信中这样写道：“正夫（赵挺之字正夫）有幼子明诚，颇好文义。每遇苏、黄文诗，虽半简数字必录藏，以此失好于父。”由此可见，赵明诚因痴迷于金石学，与父亲关系不和。

赵明诚并不像父亲那样热衷功名，也不曾参与党派之争，所以在“元祐党争”中没有偏向父亲，但他对李清照一家的困境也爱莫能助。

经历人世间的悲欢离合之后，李清照是否依然保持一颗纯洁、真挚、热忱的心，是否依然如年少时那般敢爱敢恨，为了追求自己向往的美好生活而全然不顾世俗的眼光？

就李清照的个性而言，答案不言而喻。也许，这就是千古第一才女成长中所必须承受的代价。正因为她一生经历了如此多的情感波折，才能有感而发，吟诵出一篇又一篇惊世佳作。

夫妻重聚汴京城

世事无常，李清照远离京城，与赵明诚分隔两地，“我有所念人，隔在远远乡”，她的心中充满了对丈夫的思念。

在蔡京、赵挺之等新党接二连三的打压下，苏轼、黄庭坚等旧党官员纷纷离开朝堂，被排挤出政治舞台的中心。然而在排除异己后，蔡京、赵挺之二人又因各自的利益而互相攻击、排挤，由合作伙伴变成了对立的政敌。

崇宁五年（1106 年）对李清照、赵明诚乃至赵挺之而言，都是具有转折意义的一年。这年，宋徽宗发布诏令，下令拆除“元祐党籍碑”，解除遣散元祐党人的诏令，并大赦天下，重新起用元祐党群臣。并罢免了蔡京，赵挺之则升任尚书右仆射兼中书侍郎。

因朝廷实施变革，正值用人之际，赵明诚也受到宋徽宗的重用，担任鸿胪少卿，主管朝会仪节等事务。同时，因为宋徽宗解除了遣散元祐党人的诏令，赵明诚又可以和李清照团聚了。一年之间，赵明诚仕途顺利，好事连连。

七月，宋徽宗颁下诏令，允许过去被贬官离京的元祐官员返回京城。这对李家来说可谓天大的喜讯，李格非喜极而泣，激动的心情溢于言表。

李清照得知自己能够回京，与丈夫赵明诚相见，既欣喜又感叹不已。窗外的景色在她的眼里曾经黯淡无光，如今则春意盎然，那点点繁花让她恢复了往日的笑容。

过去，她辜负了这片春色，如今要和夫君重逢了，一定要和夫君一起好好欣赏春日美景，重拾当年琴瑟和鸣的美好时光。

过去几年，她的心犹如浮萍，在思念的潮水中漂浮着，如今终于结束了漂浮，找到了安全感。

在被遣散离京的日子里，她无心欣赏美景。如今否极泰来，满眼都是春色。门庭外，嫩绿的小草肆意生长，冷清的小屋门前也焕发了生机，窗外桃花含苞待放，春色满园关不住。

李清照不胜欢喜，将碧云茶缓缓碾成粉末，再用开水浸泡，那漂浮在水面上的茶末如碧玉一般晶莹。在淡淡的茶香里，在氤氲的茶雾中，李清照品着清清浅浅的苦涩，想着浓浓淡淡的心事。

“清照，该收拾起程了。”父亲的话让沉浸在往事中的李清照回过神来，她不禁会心一笑，向父亲点头示意。李格非催促家人收拾行囊，当日便起程回京。

通往汴京的路崎岖漫长，李清照的心却是轻松愉快的。那张入京的通行证被她小心翼翼地收起来，仿佛是上天赐予她的信物。

汴京繁华如故，和李清照初次到来时一样，她为再次回到汴京而满心欢喜。

不同的是，初到汴京时，正值花季的少女是因为见识京城的繁华而雀跃不已；如今，这位痴情女子则是为久违的重逢时刻而激动万分。

回到赵府，一切都是那么熟悉，曾经与夫君一同漫步的回廊，一起欣赏落日余晖的庭院，还是离开前的样子。

李清照来到过去与夫君双宿双栖的房间，看到一个熟悉的背影，正手持书卷静静地阅读。

久别重逢，未语泪先流。这对患难夫妻心中满是苦尽甘来的甜蜜，此时此刻，没有政治和纷争，只有两颗炽热的心在喜悦中相互萦绕。

历史知识小贴士

王安石

王安石（1021—1086），字介甫，号半山，抚州临川县（今江西省抚州市）人，北宋时期政治家、改革家、文学家。因自号临川先生，世称“王临川”“临川先生”。

王安石自幼聪颖，喜爱读书，所读之书过目不忘，而且下笔就能写成文章。景祐四年（1037 年），他跟随父亲到汴京，结识曾巩、欧阳修，所写文章获得欧阳修的高度赞赏。

庆历二年（1042 年），王安石赴开封府参加会试，成绩突出，被主考官晏殊列为第一，但他在应试文章中引用的一个典故引起宋仁宗的反感，最终被列为第四名，与状元失之交臂。之后，王安石历任扬州签判、鄞县知县、舒州通判、常州知州，勤政爱民，政绩显著。嘉祐三年（1058 年），王安石被调为度支判官，进京述职，向宋仁宗上呈一份长达万言的奏疏，系统地提出了自己的变法主张，但未被宋仁宗采纳。嘉祐八年（1063 年），王安石因母亲病逝，辞官回到江宁府为母亲守丧。宋英宗即位后，多次征召王安石到京城任职，均被他以为母守丧为由拒绝。

治平四年（1067 年），宋神宗即位后，起用王安石为翰林学士兼侍讲。王安石向宋神宗上书，继续阐述自己的变法主张，得到宋神宗的赏识。宋神宗任用王安石为宰相，命他主持变法，之后变法在全国轰轰烈烈地开展起来。由于新法在实施过程中出现了一系列问题，招致朝廷中保守派的反对，百姓们也怨声载道。熙宁七年（1074 年），王安石被罢相；一年后，再次被宋神宗起用；不久之后，因君臣在变法措施的实施上出现分歧而被罢相，从此退隐江宁，郁郁而终。

从政之余，王安石潜心于文学创作，在散文、诗、词等方面多有建树。他的散文结构严谨，说理透彻，观点鲜明，语言朴素精练，针砭时弊，具有很强的概括性与逻辑性；他的诗长于说理，工于修辞，含蓄深沉，自成一家，世称“王荆公体”；他的词作虽不多，但风格高峻，神韵毕具，脍炙人口。王安石是“唐宋八大家”之一，与欧阳修、苏轼等人一起致力于文学改革运动，共同推动了北宋诗文革新运动的发展。

蔡京

蔡京（1047—1126），字元长，兴化军仙游县慈孝里赤岭（今福建省莆田市仙游县枫亭镇东宅村）人，北宋末年权相、书法家。

蔡京出身官宦世家，熙宁三年（1070 年）进士及第，历任钱塘尉（今浙江省杭州市钱塘区）、舒州（今安徽省潜山市）推官、龙图阁待制、知开封府（即兼任开封府知府）。

蔡京为人圆滑，善于见风使舵，进行政治投机。宋神宗执政时，重用王安石，蔡京便以变法派自居，支持变法改革。元祐元年（1086 年），新继位的宋哲宗年幼，高太后临朝听政，起用旧党司马光主管朝政，他又附和司马光积极推翻新法。元祐八年（1093 年），高太后病逝，宋哲宗亲政，起用新党，恢复新法，蔡京又积极附和新法。宋徽宗即位后，向太后临朝听政，废除宋哲宗在位时实施的新法，起用旧党，蔡京受到旧党的攻击，被贬出京城，闲居杭州。

蔡京暗中拉拢、讨好宦官童贯，让童贯在宋徽宗面前帮自己说好话。在童贯及蔡京其他同乡官员的活动下，宋徽宗于崇宁元年（1102 年）将蔡京召回京城，拜为宰相。蔡京上任后，大肆报复曾经攻击他的朝臣，一共有三百余人被他打成“元祐奸党”。蔡京将他们的姓名刻在“元祐党人碑”上，立在皇宫文德殿门外，昭示天下。这些人中，死者被追夺官职，生者或被贬官，或被流放。

蔡京还想方设法讨好宋徽宗，极力鼓动宋徽宗大肆挥霍，派人在江南广采“花石纲”，搜集奇花异石，用船经运河送往京城。沿途拆屋毁墙，劳民伤财，百姓苦不堪言，官吏又乘机向百姓敲诈勒索，大发横财。东南人民不堪剥削，纷纷起义，社会动荡不安。

蔡京任职宰相期间，在宋徽宗的支持下，也实施了一些积极的改革措施，缓解了北宋朝廷的财政危机，但过早地消耗了民力，刺激了统治阶层的腐败，加速了北宋的衰败。靖康元年（1126 年），金军大举南下，入侵宋朝，宋徽宗让位给宋钦宗。天下士人追究蔡京等人祸国之罪，将他列为“六贼之首”。蔡京被宋钦宗放逐岭南，途中死于潭州（今湖南省长沙市）。

第三章

屏居青州，浮萍散聚

大观元年（1107 年），一场灾难降临赵家。赵挺之遭政敌蔡京陷害，被迫辞去官职，不久郁郁而终；赵明诚也受到牵累，身陷囹圄，出狱后被遣送回乡。李清照跟随赵明诚离开汴京，来到青州屏居。在青州，他们夫唱妇随，珠联璧合，赵明诚搜集金石文物，撰写《金石录》；李清照则填词著书，创作了词学专论《词论》。夫妻二人在青州度过了他们一生中最幸福、最有意义的时光。

祸从天降居青州

正当李清照沉浸在夫妻重逢后的幸福时光中时，一场灾难突然降临。大观元年（1107 年）正月，惯于结党营私、善于逢迎拍马的蔡京重获宋徽宗的宠信。蔡京复相后，对政敌赵挺之展开了无情的报复。三月丁酉，赵挺之罢官。后五日，卒，年六十八。赵挺之去世后，蔡京仍不罢休，又给宋徽宗上书，对赵家落井下石。在蔡京的幕后操纵下，赵明诚与长兄赵存诚、次兄赵思诚均身陷囹圄，数月后朝廷查无实据，他们才得以释放。

关于赵挺之离世及赵家没落一事，民间流传着这样的说法：赵挺之辞去宰相后五天，便突然死于家中。死后三天内，赵挺之尸骨未寒，蔡京便数次带人去赵府抄家。曾经显赫一时的赵家在短短数日内便从天堂跌入地狱，曾经富丽堂皇的赵府一片狼藉，昔日的欢声笑语变成了悲哭哀号。

赵明诚被朝廷罢免了官职，遣返回乡。可怜李清照千里迢迢从故乡赶到汴京，刚与丈夫团聚，又因为赵家遇难、赵明诚被罢官，不得不再次踏上辗转迁徙的路途。她虽然难过，但是因为有丈夫在身边相依相守，心中倒也有几分坦然。

年轻气盛、胸怀大志的赵明诚，想到自己从此就要退隐田园，将来能不能回到京城立足也是未知数，不禁灰心丧气，心生怨恨。李清照也深深理解丈夫的苦楚：寒窗苦读多年，还未建功立业就遭到贬官，该是何等的难受和无奈。她耐心地劝导丈夫：宦海浮沉，世事难料，人生本就是起起伏伏，要学会接受。

看着院子里的朵朵白菊，李清照不由得想起了洁身自好的陶渊明和一身正气的屈原。时值深秋，天气转冷，但是白菊在风吹雨打下仍然肆意绽放，别有一番韵味。试问古今中外有多少人能够摆脱世俗之见，如白菊一般孤傲高洁？想来必是正直的屈原与清高的陶渊明。世道清宁时可肆意开放，世道动荡时便难免颠沛流离。既然此处不留人，何不远离是非之地呢？

过了一段时间，赵明诚与李清照带着家中仅剩的家当，离开汴京，来到赵明诚母亲的家乡青州定居下来。这里有赵挺之过去购置的一些房屋，稍加修葺即可居住。青州离密州不远，空闲时他们也可以去密州转转。

此时的返乡不是衣锦还乡，而是失意被逐，所以一路上气氛凝重，大家的心情都悲伤落寞。大观二年（1108 年），李清照随赵明诚到达青州，屏居于赵家旧宅中，直至宣和三年（1121 年）赵明诚再次出仕，任莱州（今山东省莱州市）知州，他们一起在青州度过了十几年安定祥和的生活。

赵明诚与李清照回到青州以后，生活忙碌且清贫，他们要修葺祖宅，整理居所。因为没有收入来源，赵明诚每天都外出找工作，以维持生计。当他拖着疲倦的身躯回到家中时，李清照便把外出采来的果实与野菜做成晚餐，和他一起享用。这一桌粗茶淡饭虽然比不上在汴京时的山珍海味，但也足以让他们心满意足了。他们本来就不贪图口腹之欲，而且夫妻二人相互为伴，自然也不在意物质上的匮乏。赵明诚与李清照都热衷于研究金石学，为了购得自己喜欢的金石，李清照更是将所有值钱的首饰都拿去典押换钱。

青州不如汴京繁华、热闹，这里的环境跟汴京相比有天壤之别，但这里也有汴京没有的风景，繁花簇拥，流水潺潺，一派静谧悠闲的气氛，为他们进行学术研究提供了一个宁静的环境。对李清照来说，这里仿佛世外桃源，可以和夫君双宿双栖，相伴左右。尽管生活清苦，但李清照过得怡然自乐。

李清照后来在《金石录后序》中这样记载："甘心老是乡矣。"这表明她心甘情愿在这儿度过余生。青州简单、快乐的生活，让她内心安宁、富足。

多年前，李清照初到汴京便心怀梦想，勤学苦读，拜晁补之为师，期望在文坛上大展宏图。随着岁月流转，如今的她蜚声文坛，对富贵荣华已经看得很淡。经历了情窦初开的青涩，也经历了离别相思之苦，她深知世间最大的幸福莫过于与亲人相伴相守。她宁愿在清贫中与夫君平淡度日，也不愿回归当年的辉煌。在她心中，最重要的是夫妻二人举案齐眉，志趣相投。

在青州，李清照可以感受春日的生机盎然，也可以享受夏日的热情绚烂，挥笔之间便是秋风飒爽，与爱人相拥便不再畏惧冬日严寒。这一切恰如李清照所言："虽处忧患困穷，而志不屈。”夫妻二人时刻怀着对金石学的热爱，朝着共同的目标携手前进。

在钻研金石学之余，李清照重拾笔墨，作诗填词，春可喜可悲，秋可叹可颂，夜可眠，日可作，挽君手品花鸟，伴君侧研金石，一切都是那么美好。

在平淡而自在的日子里，李清照深刻体会到过往的繁华与荣耀不过是过眼云烟，当下的生活才是实实在在的幸福。闲暇时，她依然保持着“赌书泼茶”的雅趣，依然摘花插于鬓间“徒要教郎比并看”，依然用浓墨化开笔端，描绘出一幅幅唯美的画卷。

在《金石录后序》中，李清照描述了她与赵明诚在青州十几年的美好生活：

> 每获一书，即同共勘校，整集签题。得书、画、彝、鼎，亦摩玩舒卷，指摘疵病，夜尽一烛为率。故能纸札精致，字画完整，冠诸收书家。

每每获得名家古籍，夫妻二人便共同勘校整理。偶尔寻得古玩文物，夫妻二人便如获至宝，回到家中秉烛夜读，细细品味个中意蕴，并分享各自的见解。

其间，夫妻二人也回过汴京，但他们无意过问政事，回京只是为了共同的志趣爱好——搜集古玩文物。大相国寺那熙熙攘攘的街道上，琳琅满目的文物让他们流连忘返。

在汴京，遇见路边卖花郎，李清照不禁想起当年“徒要教郎比并看”的趣事，却再也没有闲情和闲钱买花。他们生活拮据，没有朝廷俸禄，缺乏收入来源，为了生计不得不节衣缩食。在他们眼中，唯有满地的文物书画才值得用来之不易的钱财换取，偶有所得便乐在其中。

青州十几年，赵明诚与李清照花费了大量心血研究金石学，搜集、品鉴文物古玩，将他们在金石学及文物鉴赏方面的研究心得结集成书，写成了著名的《金石录》。

青州十几年，赵明诚从一个默默无闻的小小官员，变成了中国历史上著名的金石学专家和文物鉴赏家，而李清照亦从一个才女变成了流芳千古的女文豪。

青州十几年，李清照远离喧嚣，有夫君相伴，每日以诗书为伴，以研究金石学为乐。其间，充满了青春活力与智慧光芒的她，极其洒脱地度过了一段执子之手、岁月静好的美好时光。

俗话说：塞翁失马，焉知非福。生活便是这样，起起伏伏，跌跌撞撞，赵府遭遇的这一劫难，反而给李清照和赵明诚带来了十几年平淡而幸福的生活。青州这片看似平凡的土地，变成了他们的乐土。

在青州所经历的点点滴滴，日后都成了二人心中不可磨灭的美梦。青州的生活对李清照来说，也许是最理想的生活状态。

易安居士著《词论》

李清照自幼喜读诗书，每天在陋居中品评古籍的韵味，仿佛与世隔绝。她看过的古籍总是随意摆放，四处散落，从来不顾及寻常女子该有的礼仪规范。当然，她并不是不爱惜古籍，恰恰是因为太热爱，才时刻手不释卷，渴望从古籍中汲取营养，滋润自己的心灵。

赵明诚回家看到屋中凌乱的场景，很是惊讶。他也爱书如命，但和李清照不同，他每次读完古籍都小心翼翼地收纳整齐。看到好不容易求得的书籍不小心被损坏了，他就非常心疼。从这些细节可以看出夫妻二人不同的性格，和李清照相比，赵明诚似乎少了一点洒脱。

李清照见赵明诚对古籍的摆放比较在意，决定好好整理一下屋里的古籍。由于经济拮据，赵明诚便从市集买来木材，亲自动手制作书橱。在夫妻俩的共同努力下，一间简朴的书房终于布置完毕。虽然没有豪华的装潢，但里面的每一册书都是他们费尽心血从各地文物市场搜寻来的，蕴含着他们对古籍的热爱和对生活的向往。

李清照将这个书房取名为“归来堂”。经历了离别，饱尝了分离之苦以后，往日的一切又回到了他们的身边。在李清照看来，这里便是他们夫妻二人远离纷扰之地。

自从有了归来堂，李清照的生活便日益充实起来。每天除了读书，她还要整理书架，为书编写序号。忙碌而充实的生活，使她实实在在地感到拥有了自己的家。

归来堂的落成也让附近的书生寻得了一片清静之地，不少人前来借阅书籍，归来堂俨然成了一座图书馆。每当借出一册藏书，李清照都会仔细检查书中的污迹和损坏程度，以免把质量不好的藏书借给别人。有时赵明诚外出考察金石碑文，她便独自留在归来堂，与自己心仪的书籍作伴。

归来堂建成后，李清照自号“易安居士”。有人说，“易安”“归来”二词来自陶渊明的《归去来兮辞》。陶渊明淡泊超然、固穷守节的高尚品德，对李清照影响极大。她的诗句中也经常可见对陶渊明的歌颂和敬仰。“倚南窗以寄傲，审容膝之易安”，说的不就是如今安于清苦、隐逸脱俗的李清照吗？以陋室承载肆意洒脱，以清贫供养傲世清高，哪怕一生清贫，亦要活得心安理得。

归来堂的生活是静谧的，夫妻二人读书、喝茶、赏花、观月，再加上对金石学的钻研热情，日子是如此幽雅和美好。赵明诚在金石学领域研究多年，读了无数金石学方面的藏书。他想为后世留下点什么，于是决定把自己前半生的研究成果记录下来，开始撰写《金石录》。

对于赵明诚的这一做法，李清照自然是鼎力支持。每当赵明诚深居简出，致力于记录他们收藏金石字画的经历及鉴赏金石字画的心得时，李清照便在一旁默默支持，或为他磨墨，或为他寻书籍、做校勘。所以，赵明诚在金石研究及文物鉴赏方面能够有所成就，也离不开李清照的倾力相助。

政和七年（1117 年）秋，赵明诚写成《金石录》初稿。《金石录》记录了上至夏商周三代，下至五代十国时期，烙印在青铜上的文字以及刻在石碑上的种种事迹，共三十卷，收录的金石拓本多达两千册，纠正、弥补了许多金石学典籍中的错误和不足，是一部关于金石学研究的集大成之作，更为后人研究古代的金石书画、古玩奇器提供了极其珍贵的资料，对后世金石学的发展产生了重大影响。

在青州，除了与赵明诚共同研究金石学，李清照还致力于词的研究，写了一篇在中国词学史上具有里程碑意义的专论——《词论》。《词论》的诞生，与她的启蒙老师晁补之还有密切关系。

晁补之这些年来仕途一直不顺，几度浮沉，屡遭贬谪。崇宁元年（1102 年），朝廷又罢去晁补之的官职，他返回家乡巨野居住。因家乡地势低洼，居住不便，晁补之便移居缗城（今山东省金乡县），修筑了一座房舍，取名“归来园”，自号“归来子”，从此不为仕途所扰，寄情于山水之间。多年来，晁补之与李格非仍时有联系。大观二年（1108 年）八月秋分，晁补之过五十六岁生日，邀请李格非去参加他的寿宴。

李清照非常想念恩师，便和父亲同往缗城，为晁补之祝寿，还写了一首祝寿词《新荷叶·薄露初零》献给恩师。

再次见到晁补之，李清照发现恩师仍然体格健壮，精神矍铄，大家风范丝毫不减当年。她想到这些年来，恩师笔耕不辍，文学成就蜚声文坛，而自己却毫无建树，不禁心生愧疚，于是激发了撰写关于词的专论文章的决心。

回到青州后，李清照开始撰写《词论》。这篇文章勾勒了唐五代至北宋的词发展简史，叙述了词的源流、演变，点评了前辈与同辈词人创作的优缺点，指出了词体的特点及创作的标准，观点鲜明，语言犀利，并且提出了“词别是一家”的重要理论。

李清照对于宋朝乃至前朝众多词坛大家的犀利点评，在文坛中引起了热烈的讨论，大家褒贬不一。近代学者对于《词论》也是见仁见智，各抒已见。

有学者认为，其“开宗明义揭示了词体发展的多元化渠道”“眼界开阔”“论词并非只重形式”“反映了李清照既爱新声，又尚高雅，既赏妙语，更重整体美的艺术观点”，也反映了“李清照审美兴趣非常宽广，既包括词坛传说的婉约优柔之美，也博取诗歌中充实宏壮之美”。

也有人持负面评价，认为李清照对传统词作的批评过于尖锐，实在是有损文人尊严。

无论世人对《词论》是称颂还是非议，个性豪放直言的李清照，根本不会在意他人如何评判。早在花季之时，她便写下“骚人可煞无情思，何事当年不见收”，对屈原不懂桂花之美表示遗憾，其豪爽个性和对美的独特感悟从中已可见一斑。《词论》在当时引起了不小的轰动，其中提出的“词别是一家”的理论提高了词体的地位，足见李清照的见识是独到而非凡的。这不仅使《词论》得以流传至今，成为我国词学史上一份举足轻重的专业文献；同时，《词论》也是我国女性创作的第一篇文学批评专论，奠定了李清照在北宋词坛的卓越地位。

明诚再仕守空房

岁月静好，心亦安然，愿与君老。然而，当现世不安稳时，何来岁月静好？

时光匆匆，世事无常，命运的齿轮开始转动，度过了多年安稳岁月的李清照，没有料到生活的劫难即将再次来临，颠沛流离的生活又将开始了。

政和元年（1111年）五月，赵挺之的遗孀郭氏上书宋徽宗，痛陈丈夫的冤情，控诉蔡京的排挤使丈夫含冤而死，请求宋徽宗查明实情，免去蔡京强加给赵挺之的“罪名”。此时蔡京已被逐出汴京，闲居杭州。宋徽宗下诏批复，归还赵挺之被追夺的官职，恢复赵挺之的名誉，并对蔡京私下打压异己的劣行进行了谴责。

赵家终于迎来了曙光，多年冤屈一朝消散，赵明诚兄弟三人恢复了做官的资格。

宣和二年（1120年），赵明诚被朝廷任命为莱州（今山东省莱州市）知州，择日前往莱州上任。赵明诚接过京城信使送来的任命文书，喜悦之情溢于言表，赵家上下一片欢腾。李清照内心却百感交集。丈夫重新出仕，意味着他们夫妻十几年相守相依、宁静祥和的生活就要结束了，日后二人又要聚少离多，她心中难免伤感。

古往今来，多少文人墨客笔下都写离别，惹人伤感，令人愁绪满腹。李商隐睹物思人，怅然若失，写下“此情可待成追忆，只是当时已惘然”；欧阳修离别洛阳，也发出过“人生自是有情痴，此恨不关风与月”的感慨；秦观遥望故人，感叹“两情若是久长时，又岂在朝朝暮暮”。

青州岁月自难忘，青州十年一朝散。赵明诚一心想要博取功名，在仕途上闯出一番天地，不枉自己多年寒窗勤读的辛苦以及父亲的用心栽培。十几年的惬意生活，在功名面前仿佛变得不值一提。李清照想到日后自己要独守青州，没有良人相伴，即使繁花盛开、百鸟鸣唱，也难以抚慰内心的孤寂。

李清照深知赵明诚去意已决，她不能挽留，只能把相思之情放在心中，等待夫君归来重拾温馨。

此时，李清照已经三十有余，从年少时的懵懂到热恋时的相思，从历经风雨后的从容到双宿双栖的悠闲，从夫唱妇随的惬意到依依不舍的离别……这一路的跌宕起伏，令她心志渐消，容颜憔悴，可她始终坚守着对夫君的深情，守护着这段来之不易、甜蜜而又艰辛的爱情。

离别的时刻越来越近，赵明诚在家人们的祝福中穿上使者带来的官服，踏上了前往莱州赴任的路途。望着夫君渐渐消失的背影，李清照的泪水在眼眶里打转。

因为种种原因，李清照未能随同赵明诚前往莱州。赵明诚说，等他到莱州安顿好，便回来接她。

自从赵明诚离开以后，李清照就在日复一日的担忧与挂念中度过，倚窗远望成了她的日常。她极目远眺，盼望着那个熟悉的身影会突然出现。在愁绪满怀之际，她写下《念奴娇》一词：

萧条庭院，又斜风细雨、重门须闭。宠柳娇花寒食近，种种恼人天气。险韵诗成，扶头酒醒，别是闲滋味。征鸿过尽、万千心事难寄。

楼上几日春寒，帘垂四面，玉阑干慵倚。被冷香消新梦觉，不许愁人不起。清露晨流，新桐初引，多少游春意。日高烟敛，更看今日晴未。

斜风细雨袭来，曾经满载欢乐的庭院在风雨的摧残下变得萧条冷落。归来堂也没有了往日的热闹，重重的大门深锁着曾经的点滴美好……

不经意间，春去秋来，李清照心中的愁思与担忧并没有随时间的流逝而消散，她一直守候着，期盼收到夫君从远方寄来的问候。可是，就如苏轼所说的，“沙上不闻鸿雁信，竹间时听鹧鸪啼”，她的念念不忘，并未引来回响。

转眼到了七夕节，青州平日人烟稀少的大街小巷变得热闹起来。天上的牛郎织女尚能于今夜相聚，而人间的有情人却两地分离。

自古文人爱悲秋，对李清照来说这又是一个无眠之夜。她坐在窗前，仰望天上繁星闪烁，离愁别绪让她烦忧不已。

一阵寒风吹来，微风携着点点细雨飘进屋里，她心中的愁思便如层层浓云薄雾般弥漫开来。这个时节的天气变幻莫测，晴雨交替，风起云涌，正如她的心情，忐忑难安。曾经以为安定的幸福，如今却因朝廷的一纸诏书而化作幻影，可她又能怎样呢？

青州十几年的幸福生活如梦消散，生活本来美好，如今夫妻天各一方，她变得郁郁寡欢。在寻常的日子里，她独自望天，独自赏花，独自徘徊，独自抚琴……

夫妻情感现裂痕

经过数年的期盼与等待，宣和三年（1121 年），李清照终于鼓起勇气，决定前往莱州与夫君相聚。

因为是临时做出的决定，李清照没来得及给赵明诚寄去书信，便独自起程前往莱州。

临走之际，青州的亲朋好友陆续赶来与李清照道别。众人纷纷慷慨解囊，邻居们还把家中的一些衣食送给她，祝愿她一路顺风。李清照依依不舍地与众人告别，互道珍重。

告别众人后，李清照往莱州方向赶去。一路上满目萧条，沿途的风景毫无生机，放眼望去满是干裂的土地、干枯的杂草。李清照走在羊肠小道上，内心不时生出悲凉之感。

李清照到达昌乐（今山东省昌乐县）时，天色已晚，便找了一个驿站，打算住一晚再继续赶路。这天夜里，大雨倾盆，雨水不停地敲打着窗户，发出沉闷的声音。李清照走到窗前，只见树木在风吹雨打中胡乱摇摆，驿站门前的灯火在风雨中摇曳不定。她这次远行，前路未卜，心亦惶然。因为一时难以见到久别的丈夫，又因为离别而思念亲友，她干脆拿起笔来，将心绪诉诸笔墨，《蝶恋花·晚止昌乐馆寄姊妹》就此诞生：

泪湿罗衣脂粉满，四叠阳关，唱到千千遍。人道山长水又断，萧萧微雨闻孤馆。

惜别伤离方寸乱，忘了临行，酒盏深和浅。好把音书凭过雁，东莱不似蓬莱远。

李清照想起了临行前与亲友们分别的情景。她和姐妹们唱了一遍又一遍《阳关曲》，天色渐晚，即使万般不舍也必须起程了。此去莱州，不知大家何日才能再相聚，李清照心中充满了对未来的迷茫和对离别的哀愁，不禁泪湿衣衫。

这首《蝶恋花》表达了李清照对青州亲友的思念之情，也寄托了她对丈夫的深情牵挂。她托驿站的人将词寄回青州，以告慰亲友。

天亮后，李清照继续赶路，距离莱州越来越近，沿途的景象也开始变得繁华起来。多年来，她一直深居简出，许久不见繁华的大千世界，如今历经艰难，将要重新回到这纷纷扰扰的世界，她心中不由得五味杂陈。但是，一想到马上就能与夫君重逢，她不由自主地加快了脚步。

宣和三年（1121年）八月十日，李清照终于抵达莱州城。当她看到城门上的“东莱州”三个字时，心情一阵激动，心中所有的委屈与无奈也随之烟消云散。

莱州虽然不及汴京繁华，但是远比青州热闹，宽阔整洁的街道，鳞次栉比的房屋，来来往往的行人，呈现出一派清平祥和、热闹繁华的景象。这也反映了莱州知州确实有所作为、治理有方，李清照不禁为夫君出色的理政能力感到自豪。

然而，和赵明诚相聚后，李清照却深深失望了。她怀着一腔热情来到莱州，希望能和赵明诚畅叙一番，诉说自己的相思之苦，与他一起重拾昔日相敬如宾的美好生活。可是赵明诚天天忙于公务，无暇顾及家庭，也无暇顾及李清照，将她冷落在一旁。想到自己长途跋涉，历尽千辛万苦才到莱州，结果还不如闲居青州时惬意，李清照深感委屈，对接下来的生活也感到心灰意冷。

李清照没想到自己到达莱州的第一个夜晚竟是与诗书作伴。但她环顾屋内，发现并没有自己喜欢的书籍，整个房间空空如也。最后，李清照在茶几上寻得一本《礼韵》，随意翻阅起来，从里面寻得一个“子”字，于是以“子”字为韵赋诗一首《感怀》：

寒窗败几无书史，公路可怜合至此。
青州从事孔方兄，终日纷纷喜生事。
作诗谢绝聊闭门，燕寝凝香有佳思。
静中吾乃得至交，乌有先生子虚子。

李清照知道自己与赵明诚之间的感情已经出现了裂痕。她想要写诗打发时光，但写诗需要清静，于是她闭门谢客、焚香静思，陪伴她的只有“乌有”和“子虚”两位想象中的朋友。

李清照透过窗外，望向青州，想起了在归来堂闭门作诗时的静谧与快乐，那时的生活是多么幸福、惬意！

共研金石再牵手

这天，李清照陪赵明诚去执行公务。完成公务后，赵明诚和同僚们闲聊，有人提及城南的山上有一座特别奇特的碑，叫作《郑文公碑》，又称《郑羲碑》。郑羲在北魏孝文帝时官至中书令，曾任西兖州刺史，其子郑道昭擅长书法，工于碑刻，被后世尊为魏碑的鼻祖。李清照和赵明诚对郑道昭崇拜至极，对其撰写的碑文更是仰慕已久。听闻此消息，他们大喜过望，迫不及待地整装出发，随那位同僚一起到城南的山上一探究竟。

果然，他们在山腰处发现一块大石碑，碑文末尾赫然写着："上碑于正南二十里天柱山向阳处，此乃下碑。"李清照和赵明诚立即赶往天柱山，找到了上碑。之后，他们将碑文拓印成字帖，收录在《金石录》中。

此后，李清照跟随赵明诚四处搜集文物。她刚到莱州时住的那间空房内也慢慢添置了各类书籍、字画。

为了完善《金石录》，他们辗转各地搜集金石文物，其间还回了一趟青州，在青州的一处耕地里发现了十几件古代文物，一些钟鼎器物上还刻有铭文，大多有落款，最长的一篇铭文有五百多字，在当时的考古学界是极为罕见的发现。他们迫不及待地将钟鼎铭文印在字帖上，收入《金石录》中。

历史知识小贴士

欧阳修

欧阳修（1007—1072），字永叔，号醉翁、六一居士，江南西路吉州庐陵永丰（今江西省吉安市永丰县）人，北宋政治家、文学家。

欧阳修四岁时父亲去世，与母亲郑氏前往湖北随州投奔他的叔叔欧阳晔。郑氏出身江南名门望族，知书识礼，平时会教欧阳修读书写字。欧阳修学习极为勤奋，到十岁已能作诗写赋。天圣八年（1030 年），欧阳修赴京城参加由宋仁宗主持的殿试，以甲科第十四名的成绩考中进士。欧阳修的成绩本来排在第一，但因为他恃才傲物，与他同乡的主考官晏殊认为他锋芒过露，想要挫一挫他的锐气，以促进他成才，于是降低了他的成绩名次。

之后，欧阳修历任将仕郎、试秘书省校书郎、西京（今河南省洛阳市）留守推官、馆阁校勘、知谏院、知制诰等职。“庆历新政”时期，欧阳修参与改革，上疏提出吏治、军事等方面的改革主张。新政失败后，他上疏朝廷反对罢免范仲淹，被外放，知滁、扬、颍及应天等州府。数年后，他再度被召回朝，先后担任翰林学士、枢密副使、参知政事，位列宰执。

宋英宗即位后，欧阳修因卷入“濮议之争”，遭到御史吕诲等人的弹劾，后力求辞官，出任亳、青、蔡三州知州。王安石变法期间，他反对变法的部分措施，自行停止“秋料钱”的征收，朝廷并未加罪，后屡次上表请求致仕。于熙宁四年（1071年），以太子少师身份辞官，次年逝世，谥号“文忠”，世称“欧阳文忠”。

欧阳修不仅在北宋政坛享有很高的声望，而且在文学上也取得了很高的成就。他主持发起了北宋诗文革新运动，是北宋诗文革新运动的领袖，名列“唐宋八大家”与“千古文章四大家”。他博学多才，在诗文创作、史学、经学和金石学等方面都取得了卓越成就，苏轼称赞他“事业三朝之望，文章百世之师”。

陶渊明

陶渊明（约 365—427），字元亮，名潜，别号五柳先生，浔阳郡柴桑县（今江西省九江市）人，东晋末年至刘宋初期著名诗人、辞赋家、散文家、隐士。

陶渊明早年生活非常不顺，八岁时父亲去世，十二岁时庶母辞世。家庭的变故和生活的困境并没有让他灰心丧气，反而激发了他勤奋学习的决心，磨炼了他面对逆境的意志。他广泛涉猎《易经》《左传》《庄子》《论语》等历史、哲学、文学书籍，尤其对古代先贤的思想和哲学感兴趣，这对他人生观的形成和日后的文学创作产生了深远的影响。

二十岁时，陶渊明开始外出游历，谋求出路；二十九岁时，出任江州祭酒，不久辞官归家闲居。之后他又先后出任镇军将军刘裕参军、建威将军刘敬宣参军。义熙元年（405 年）八月，陶渊明出任彭泽令。当时县令每月的俸禄只够买五斗米。一天，上级派一名督邮到彭泽县视察，督邮傲慢地要求陶渊明穿着官服到他住的官驿拜见他，否则他的前程会受到影响。陶渊明气愤地说："我宁可饿死，也不愿为了这区区五斗米去向那势利小人折腰！"说完他解印辞官，回到乡下，正式开始了隐居耕种的生活。其间，朝廷及地方官员屡次劝他出仕做官，他都辞而不受。元嘉四年（427 年），陶渊明病逝于浔阳。

陶渊明一生创作了大量的田园诗、山水诗和文章，诗文多描绘宁静恬淡的田园生活、旖旎秀丽的自然风光，表达了对隐居生活的向往和对返璞归真的追求，有着强烈的艺术感染力。陶渊明被后世誉为"古今隐逸诗人之宗""田园诗派之鼻祖"，在中国文学史上占有极高的地位，其作品主要有《归园田居》《桃花源记》《归去来兮辞》《五柳先生传》等。

第四章

南下逃难，生离死别

靖康二年（1127年），金兵攻陷汴京，俘虏宋徽宗、宋钦宗二帝，北宋灭亡。宋高宗赵构在南京应天府（今河南省商丘市）匆匆即位，建立南宋。为躲避战火袭击，李清照和赵明诚携带一部分贵重文物南下逃亡，几经辗转，到达建康。建炎三年（1129年），赵明诚再次应召，奔赴建康途中病逝，李清照失去了生活的依靠和精神支柱，悲痛之余，写下了大量的悼念诗词，表达对丈夫的思念之情。不过，她没有长期沉溺于悲伤中，而是下定决心将丈夫未完成的《金石录》续写完成，以此作为对丈夫的纪念。

山河破碎居建康

宣和七年（1125 年），李清照到莱州与赵明诚团聚已有五年。这年十月，金兵大举入侵宋朝，朝廷还没来得及做出反应，金兵便已接近汴京城下。一时间，战争的阴霾笼罩在汴京上空，北宋都城面临着前所未有的威胁。

这天，李清照去街市购买食物，看到街市上居然出现了手持兵器、四处掠夺的士兵，引起了一阵阵骚动。李清照不禁感到疑惑：莱州远离边境，向来太平，为何会有身穿战服的士兵出现在这里？

李清照心中有了不祥的预感，连忙回家将所见告诉赵明诚。起初，街市上只有少量的士兵闹事，赵明诚尚可派衙役镇压，但不久越来越多的散兵游勇流窜到莱州城内侵扰百姓，赵明诚和李清照终于意识到问题的严重性。

此时，汴京形势大乱，宋徽宗匆忙让出皇位，将摇摇欲坠的王朝交给了太子赵桓。赵桓即位，是为宋钦宗。次年，宋钦宗改国号为“靖康”，谁也没有料到，“靖康”二字将成为北宋王朝屈辱的标签。靖康元年（1126 年）闰十一月，金兵攻陷汴京，俘虏宋徽宗、宋钦宗二帝。靖康二年（1127 年）二月，金兵将徽、钦二帝连同后妃、宗室、大臣等数千人押往金国，北宋就此灭亡。同年五月，宋徽宗第九子、宋钦宗之弟康王赵构在原为北宋南京的应天府（今河南省商丘市睢阳区商丘古城）称帝，是为宋高宗。宋高宗改靖康二年为建炎元年，建立南宋王朝。这场事变，史称“靖康之变”。

这一番政局动荡使得宋朝举国上下惶恐不安。覆巢之下，焉有完卵，“靖康之变”使北宋王朝受到致命的打击，给北宋百姓带来了深重的灾难，也改写了李清照夫妇的命运。他们好不容易建立起来的安乐窝被这场战争摧毁了，他们所有的美好与憧憬也在瞬间化作灰烬。

这个时候，宋金两国之间的战争还没有波及山东一带，但从前线传来的消息使莱州民众陷入恐慌。为了躲避战火，莱州百姓纷纷南迁。

国难当前，李清照夫妇每天忧心忡忡，担忧国家的命运。他们商讨多日，决定先回青州暂避风头，再想办法南下逃亡。

青州归来堂中保存着赵明诚和李清照倾尽心血、耗尽钱财搜集和购买的金石字画及文物。如果归来堂被战火摧毁，他们半生的心血也将付诸东流。每每想到这一点，他们心中的忧虑就更深了。

赵明诚和李清照急匆匆赶回青州，发现这里的一切仍是那么的熟悉、亲切。他们打开归来堂尘封多年的大门，看到里面的文物字画完好无损，不禁松了一口气。在感到欣慰的同时，他们又发起愁来：怎么才能保护好它们，不让它们毁于战火呢？

由于文物数量庞大，要全部运走难度太大。这时，远在建康（今江苏省南京市）的赵府又寄来家信，信中说赵明诚的母亲病危，希望他早日回去尽孝。赵明诚听到这个噩耗后，当即申请离任，与兄弟几人一同赶往建康。李清照作为儿媳妇，本应随丈夫一同前往，但是赵明诚希望她留在青州处理归来堂的文物。李清照经过慎重考虑，同意了丈夫的安排。

经过一番仔细的筛选，赵明诚和李清照将较为贵重的文物装好，先由赵明诚带到建康。李清照在《金石录后序》中简单叙述了此次文物转移的情景："闻金人犯京师……既长物不能尽载……凡屡减去，尚载书十五车。"可见他们收藏的文物数量之大，光是精挑细选的文物就已经装满十五车，其余的文物由李清照留在青州整理，等待来年再运往建康。

此时汴京失陷的消息已经传遍中原地区，青州百姓惶惶不可终日，纷纷南下逃亡。李清照在青州度日如年，抓紧一切时间整理文物，希望尽快将它们运往建康。

不料战火还未蔓延到青州，青州就因为官民关系恶化而发生了动乱，有人揭竿起义了。李清照听到消息后十分恐慌，她不仅要提防地方恶霸结伙行凶，还要防范当地官兵抢掠文物。

一天晚上，李清照听到门外响起嘈杂声，立即警惕起来。她挑选了一些珍贵的书籍字画带在身边，然后将装满书籍文物的房屋锁好，匆匆忙忙逃往村外。

青州的局势日益紧张，已不适宜居住。李清照不得不忍痛割爱，暂时放弃她和赵明诚耗费大量心血收藏的珍贵文物，转而到安全的地方暂避风头。她只能寄希望于日后会有人珍爱这些藏品，将它们保存、流传下去。

然而，她的希望很快就破灭了。没过多久，火光四起，村落被焚毁，百姓们痛哭哀号，归来堂里面的书籍文物也在刹那间化为灰烬。李清照的心在滴血，看着无数村民流离失所，家破人亡，感到前所未有的绝望和无助。

为了保护归来堂，李清照想尽了办法，可终究未能逃过战火的摧残。归来堂被毁，她觉得继续留在青州也没有什么意义，决定携带仅剩的一些文物前往建康。

这时，战火已蔓延至整个北方地区，百姓流离失所，纷纷南下，想要躲过战火的摧残，可是途中又遭遇匪徒的劫掠。在金人尚未侵占的地区，土匪与官员巧取豪夺，残害百姓，曾经平静祥和的中原大地变得动荡不安，尸横遍野。金兵南下，汴京失陷，徽、钦二帝被俘，赵构建立南宋，接连发生的一系列巨变，让宋王朝分崩离析，摇摇欲坠。

李清照不敢走大路，专拣羊肠小道而行。夜幕降临，四周漆黑一片，寂静无声，李清照心中升起深深的恐惧感，这是她度过的最漫长的夜晚。好不容易挨到东方发亮，李清照疲惫地瘫坐在路边，稍作休息后，便继续上路前行。幸运的是，步行几天后，李清照遇到了一位驾车的老人，老人打算到真州（今江苏省仪征市）与家人团聚，于是二人结伴，一路同行。

经过几天的颠沛流离，李清照与老人来到了真州。她本想由水路乘船前往建康，可真州附近爆发了百姓起义。为了安全起见，她不得不先在真州落脚，再寻找机会离开。

此时，李清照身上所带的书籍字画，除了《赵氏神妙帖》

外，大部分已经遗失。

在真州小住期间，李清照每天都生活在恐惧之中，连温饱都成了问题。很快，真州城被起义军占领，城内被洗劫一空，饥荒蔓延，抢夺食物的事件频发。李清照感到如果继续留在真州城中，生死难料，便不得不再次踏上前往建康的逃亡之路。

历尽千辛万苦，李清照终于来到了建康。她打听到赵明诚已担任建康府知府，于是直奔建康府。

原来，宋高宗登基后，重新调整朝廷官署结构，任命新官员。因为时局动荡，各地官员紧缺，担任过莱州知州且出身官宦之家的赵明诚，自然就成了赵构眼中的首要人选。赵构得知赵明诚正在建康为母亲守丧，于是任命他为建康府知府。

重聚的温馨冲淡了李清照心中的不安，也抚慰了她那颗千疮百孔的心。

遥望山河破碎，置身战火硝烟之中，曾经对生活的向往与种种努力，都在战火的摧残之下化为乌有。战争击碎了李清照夫妇及广大北宋百姓的生活梦想，使他们的身心遭受极大的创伤，留下了沉痛的记忆。

伤春怀乡家国情

李清照来到建康府与赵明诚重聚后，心情并没有好转多少。她清楚地知道，战火正在向南方蔓延，南宋江山岌岌可危，个人就像是狂风骤雨中的浮萍，无法把握自身的命运，随时都有被风雨吞噬的危险。

曾经山清水秀、国泰民安的国家已经沦为外族的领土，民族耻辱与生灵涂炭在李清照的心中烙上了深沉的印记。战火摧毁了他们的生活，也摧毁了他们的心血与回忆。

经历了北宋灭亡、母亲病逝等一系列打击后，赵明诚性情大变，变得沉默寡言。从前那个为了收藏文物而不惜一切代价的执着青年，那个为了求得古籍而夜以继日抄写的风雅书生，那个甘愿节衣缩食以购买文物的莱州知州，如今已不复存在……

虽然贵为知府夫人，但李清照在建康过得并不自在，总有一种人在屋檐下的感觉。她和赵明诚再也无心去过从前那种赌书泼茶、吟诗作对的悠闲生活。这使她更加怀念过去的日子，一首《临江仙》就此诞生：

庭院深深深几许？云窗雾阁常扃。柳梢梅萼渐分明。春归秣陵树，人老建康城。

感月吟风多少事，如今老去无成。谁怜憔悴更凋零。试灯无意思，踏雪没心情。

不经意间，建康的春天来临了，庭院里的花含苞待放，仿佛在等待着绚烂绽放的那一刻；柳树梢上的嫩叶与梅花的花萼交相辉映、层次分明。建康城春意盎然，而我却无家可归，仿佛要在这座城中孤独终老。有谁会理解我的哀愁，怜悯我的憔悴？

春天让整个建康城充满生机，但在李清照眼里却显得死气沉沉，因为这里不是她心中的家。她怀念北方的故土和被战火摧毁的家园，更怀念当初与丈夫一起吟诗作对、饮酒泛舟、品诗研学的温馨时光。

想着想着，她心中一阵悲凉。她自幼受到家风的熏陶，熟读诗书，心中始终怀抱着浓浓的家国情怀和强烈的爱国心。南渡之后，南宋政权渐渐稳定，百姓们重新过上稳定的生活，渐渐忘却了当年的苦难与伤痛，但李清照没有忘记，一直将“靖康之耻”铭记于心，对于国破家亡始终难以释怀。目睹国破家亡的惨痛现实，经历颠沛流离的苦难生活，李清照内心难掩对社会现实的不满与失望，以及对理想生活的追求和向往，于是执笔写下一首豪放的千古名词《渔家傲》：

天接云涛连晓雾，星河欲转千帆舞。
仿佛梦魂归帝所。闻天语，殷勤问我归何处。
我报路长嗟日暮，学诗谩有惊人句。
九万里风鹏正举。风休住，蓬舟吹取三山去。

晨雾朦胧，浮云萦绕，天空中繁星点点，银河开始转动，仿佛海上无数的船帆在跳舞。李清照希望自己能够化作一颗星辰，在静谧无忧的环境中自由自在地生活，远离这个兵荒马乱的年代，感受岁月静好的时光。

恍惚间，她听到天帝在问她："你要去往哪里？"这何尝不是李清照在问自己：茫茫天地间，何处才是她的归宿？

此时李清照已经四十多岁了，空有一身才情，在这兵荒马乱的年月却派不上用场，只能空自悲叹：大鹏鸟正在九万里长空中振翅高飞，而自己学有所成又有何用？

看着天上繁星点点，李清照感觉自己恍如飘浮于星空中的一叶扁舟，多希望此刻的风能够把她吹到蓬莱岛上，远离这兵荒马乱的世界。

纵观李清照的一生，南渡之前，她的诗词多是描写自然风光，抒发离别相思之情，比较真实地反映了她的闺中生活和思想感情；南渡之后，国破家亡的惨痛现实使她内心受到极大的震撼，思想境界也随之升华，其笔下所写不再局限于闺中儿女情思，而是抒发亡国之痛、怀乡之情，对百姓的苦难生活寄予了深深的同情，对南宋当权者偏安一隅、屈膝求和、无所作为的行为表达了极大的不满，表现了她大慈大爱、体恤苍生、忧国忧民的高尚情怀。

再珍贵的事物也会有消逝的一天，李清照的才情在一次次命运的打击下或许会渐渐枯萎，那个心灵相通的人也会随着时光的推移慢慢老去，与她渐行渐远……

追忆项羽作名诗

也许是战争的残酷扭曲了赵明诚的人生观，他担任建康府知府后，开始沾染一些恶习，终日不理政事，使建康的社会秩序混乱不堪。赵明诚依旧沉迷金石学，将大把的时间花在搜集文物字画上，完全不顾建康百姓的安危。

建炎三年（1129 年）二月，建康府御营统制官王亦密谋发动叛乱。赵明诚的下属事先得知消息，立即向赵明诚汇报，但是赵明诚不以为意，没有采取任何行动。当天午夜，叛乱爆发了，建康府的士兵拼死抵抗，在付出惨重的代价后，终于将叛军击退。当部下去向赵明诚报告战事时，才发现他已不见了踪影。原来，赵明诚被叛军的进攻吓破了胆，早已用一根绳索溜下城墙逃跑了。

对于赵明诚临阵逃脱的卑劣行为，李清照感到无比羞愧。宋高宗听说赵明诚弃城逃跑，勃然大怒，立即下令罢免他的官职。赵明诚带着李清照，乘船前往芜湖（今安徽省芜湖市），打算先在那儿找个落脚之处。路过乌江时，李清照想起当年西楚霸王自刎于乌江的故事，愤然写下在后世被广为传颂的《夏日绝句》：

生当作人杰，死亦为鬼雄。
至今思项羽，不肯过江东。

这首诗磅礴大气，语句雄浑刚劲，一反李清照婉约词的风格，表达了在兵荒马乱之中，世人应当以为国捐躯的人中豪杰为榜样，哪怕是马革裹尸亦无悔此生。她用项羽兵败后无颜面对江东父老，在乌江边自刎的事迹，警醒丈夫以及世人，国难当头，不应贪生怕死、苟且偷生，而应当奋勇杀敌，报效国家，拯救百姓于水火之中。

古往今来，多少忠烈女子名留青史，李清照便是其中之一。她在战乱中所写的这首诗在当时产生了振聋发聩的效果，诗中所体现的凛然正气及浓厚的爱国之情，让无数爱国人士为之沸腾，精神为之一振。李清照引用西楚霸王自刎于乌江的史实，意在鞭挞南宋当权派一味求和的屈辱行径，引得无数爱国人士齐声叫好。

李清照的诗词让赵明诚感到无地自容，羞愧难当。这时，北方的金兵正向南方大举进攻，形势非常紧张。赵明诚决定与李清照乘船到江西居住,因为江西离金人统治的地方较远，相对来说比较安全。

建炎三年（1129 年）五月，宋高宗与群臣渡过长江，逃到建康。由于朝廷正值用人之际，宋高宗再下诏书任命赵明诚为湖州（今浙江省湖州市）知府，并且让他在上任之前务必到建康面圣。

这时，赵明诚和李清照所乘的船只已行到池阳（今安徽省池州市）附近。赵明诚接到宋高宗的诏书，喜出望外，当即决定先将李清照安顿在池阳居住，自己奔赴建康，面见宋高宗。

可是政局动荡，匪徒横行，各地都在遭受战火。李清照和赵明诚都知道，此去建康路途艰险，而池阳也非久留之地，这次一别，不知何日才能相聚。但国难当前，纵然万般不舍，她也只能目送赵明诚离去。

六月的一天，李清照到江边为赵明诚送行。赵明诚身穿葛布衣服，头上扎着头巾，身体还算强壮健朗。他把行李搬到船上，向李清照道别后船便开了。望着小船变成一个黑点消失在远方，李清照这才转身，黯然离去。

回到池阳家中，李清照内心有一种很强的失落感。她现在唯一的寄托就是那些珍贵的文物。

临别时，赵明诚对她说："如果情况危急，那就随着众人离开吧。遇到危险时就丢掉重物和衣物，不到万不得已，千万不要丢弃随身携带的画册与文物。"

赵明诚这次的临别嘱托显得格外沉重，李清照有一种不祥的预感，不知日后还能否与丈夫相见。人生无常，在这动荡不安的时期，每个人都必须做好最坏的打算，但她始终期盼着王师北定中原，期盼着恢复从前的美好生活，期盼着赵明诚平安归来。

痛别夫君肝肠断

李清照一生从来不缺离别。过去，每一次与亲人离别，无论彼此相隔多远，她始终心存重逢的希望。这次与丈夫池阳一别，她却一直心神不定，寝食难安，无时无刻不在挂念着赵明诚的情况，期望他一路平安，顺利到达建康。

夜深人静，李清照望着天上的繁星，心绪难平。夜如霜，举目难寻相思郎，更觉悲凉，唯有夜烛泪千行，未消旧情浓，叫人肝肠断。

她刚收到家书，得知赵明诚安然无恙，很快就可以到达建康，前去面圣。李清照仍为赵明诚担心，不知皇上会不会因他上次在建康失职而责怪并惩罚他。但她转念一想，如今朝廷正是用人之际，皇上召见赵明诚，必然是希望他戴罪立功，这才稍觉安心。

赵明诚在信中提到自己身体不适。李清照认为可能是丈夫此次出行正逢酷暑天气，加上战祸影响、仕途起伏，一路奔波劳累，身心负荷加重，导致他肝火燥热，身体不适。李清照很了解赵明诚，以他的体质在三伏天气很难康复。想到这些，李清照又忧心忡忡起来。

一整夜，李清照都在胡思乱想中度过。天刚蒙蒙亮，驿使又给她送来一封家书。丈夫刚与她分开，就接二连三地给她寄信，这让李清照感到有些不妙。

她忐忑不安地撕开信封，打开信阅读起来。信中的笔迹非常潦草，其中写到赵明诚在途中身染重病，生命垂危。李清照如遭五雷轰顶，大脑一片空白，感觉天都塌下来了。

为了尽快见到丈夫，李清照日夜兼程赶往建康。当她来到赵明诚身边时，他已经卧床不起，脸色枯黄，没有一丝生气。李清照想起上次池阳暂别，丈夫还面色红润，神采奕奕，没想到刚过一个多月，他就疾病缠身，变得如此虚弱。

李清照开始忙碌起来，每天无微不至地照顾赵明诚，并四处打听，寻找名医为丈夫治病。为了给赵明诚看病，她还变卖了一些文物。这段日子，她暂时忘却了政局动荡，也忘却了国仇家恨，一心希望赵明诚尽快痊愈。在她的悉心照料与陪伴下，赵明诚的病情稍微有了起色。

赵明诚想要起床到屋外走走，看看夏日的风景，但是他的身体依然虚弱，无法坐起来。李清照便打开门窗，用枕头支撑在他的身后，让他半坐着。屋外阳光灿烂，蝉鸣阵阵，绿叶在微风中摇曳，久病卧床的赵明诚看到屋外的美景，一时感慨万千，想起了过去的点点滴滴。

这些年来，他沉浸在学术研究与功名利禄中，忽略了近在眼前的美景。如今看着那微风中摇曳的绿叶和盛开的花朵，还有对自己不离不弃的妻子，他感受到实实在在的幸福。他的眼神是如此深邃、专注，透露着对人世的强烈不舍。李清照看在眼里，疼在心上，眼泪不由得流了下来。她怕丈夫看见了会伤心，于是转过身去，偷偷用衣袖揩干泪水。

酷热的夏天终于过去了，凉爽的秋天悄然来到。赵明诚的病却没有好转，反而加重了。李清照每天陪伴在他身边，不离不弃地照顾他。此时此刻，他们早已褪去年少时的躁动和不安，也不再为了欲望而忙碌挣扎，甚至放下了金石古籍、诗文书画，在只有彼此的世界中相拥相依。这对患难夫妻心中都明白，这样彼此相依相伴的日子所剩无几，因而更加珍惜彼此，珍惜每一刻的相伴。

然而不久，赵明诚的病情开始恶化，身体每况愈下。挨到建炎三年（1129 年）八月十八日，饱受病痛折磨的赵明诚咽下了最后一口气，他的生命在那年的夏天戛然而止，留下李清照独自面对这个世界。

李清照伤心欲绝，泪如雨下。将丈夫安葬后，她的心也仿佛随丈夫入土了。当年的山盟海誓言犹在耳，而丈夫那熟悉的音容笑貌则永远定格在她的记忆中。李清照从此失去了人生的情感依托和精神支柱。

看着空荡荡的房子，李清照内心一阵悲凉，天下之大，而她此后再也没有家了。国破了，她还能够与丈夫相濡以沫，相依为命；家亡了，哪怕世间再热闹繁华，她也感到孤单凄凉。没有了家，没有了丈夫，她不过是乱世中的浮萍，面对战乱她无所适从，面对未来她迷茫孤苦。

李清照的前半生就像一朵肆意绽放的花，傲立于世，绚烂多姿，而她的后半生却遭遇了国破家亡的变故，再也没有亲情、爱情的滋润，她这朵卓然傲立的名花也就逐渐凋零了。

回看李清照的一生，出生于官宦世家，童年无忧无虑，少年才华渐露，声名远扬，年纪轻轻便跻身北宋文坛。后来，她因政治联姻而嫁入赵家。幸运的是，她与赵明诚情投意合，虽然经历了分分合合，但是他们始终不渝，相依相伴，共同抵抗风风雨雨。他们婚姻中最美好的时光是在青州的十三年，后来金兵南下，北宋灭亡，战乱又将他们逼上分离的道路，但绝望之余，他们始终坚持对彼此的爱。

如今，那个曾经陪伴、安慰她的丈夫已经跟她天人永隔。她再也无法依靠丈夫那坚实的臂膀。丈夫留给她的只有那尚未完成的《金石录》以及十五车文物。

凉风惹人愁，坐在曾经的家中，李清照止不住回想当年的一切。那繁星皎月，那身上穿的罗衣，那颗炽热的心，那个还残留着些许温热的床榻，那风中摇曳的窗帘，以及那些美好的生活片段，让她无处安放，想要渐渐淡忘却又视如珍宝。

秋天又来了，阵阵秋风撩起人们的情思。李清照抑制不住悲伤，写下《南歌子》，请秋风为她捎去一声对夫君的问候。

天上星河转，人间帘幕垂。凉生枕簟泪痕滋。起解罗衣、聊问夜何其？

翠贴莲蓬小，金销藕叶稀。旧时天气旧时衣。只有情怀、不似旧家时！

过去，李清照曾在无数个夜晚独自兴致勃勃地遥望星空，而今夜她遥望星空，却感到前所未有的失落、伤感。曾经，她心中仍有一份念想；如今，那银光闪闪的星河和群星闪烁的星空，已激不起她丝毫的兴趣，她索性将自己藏在一片无尽的昏暗中。

赵明诚的离去给李清照留下了无尽的悲伤。那个熟悉的身影在她的脑海里不时浮现，漫漫长夜中，她伤心、无助地抽泣着……

一切已成定局，世事纷纷扰扰，孤身一人的李清照该何去何从？前路茫茫，一介女流该如何走完余下的凄苦岁月？

情词凄绝千行泪

独对花间垂首泣，不见君，不见绸缎衣锦，只见幻化成蝶，多少伤春悲秋事也抵不过与君别离。莫道是天作之合，却又劳燕分飞。

李清照失去了生活中唯一的依靠。她望着身边冷冰冰的文物，却再也不能望眼欲穿地企盼那个人归来。

在赵明诚离世后，李清照写了大量以悼念与缅怀为主的千古名句，情感真挚，意境悲凉，字里行间尽是丧夫后的不舍与悲痛。她的《浪淘沙》一词便是这种情感的写照。

帘外五更风，吹梦无踪。画楼重上与谁同？
记得玉钗斜拨火，宝篆成空。
回首紫金峰，雨润烟浓。一江春浪醉醒中。
留得罗襟前日泪，弹与征鸿。

五更天时，一阵微风将难得入睡的李清照从梦中唤醒。梦中相见与醒来思念，不过是同一种孤独的延续，这世间终究只剩下她一个人。

醒来后无处可去，登上阁楼，凭栏远眺，总好过在这昏暗的房间里度日如年。如今还能有谁相伴？罢了罢了，往后的日子只能独自一人了。

有的时候，回忆就像梦魇一般挥之不去。每当看到街道上人来人往，她就忍不住想起当年随家人来到汴京时的情景。在太学后门的古董街上，她与赵明诚第一次相见，郎才女貌正青春，引得多少世人投来艳羡的目光，而今情郎已去，伊人老去，那赌书泼茶的快乐时光，能与谁分享？宝篆成空，一切犹如香炉中的袅袅炉烟，在时间的推移下幻化成空。

不多时，天空下起了蒙蒙细雨，衬托着李清照心中的愁思。回首望去，只见紫金峰上烟雾萦绕，春水潺潺却流不过乱世。眼泪湿透了衣襟，忧伤总是挥之不去。待到鸿雁飞过，才能将那浓烈的忧伤交托给大雁带向远方。

清朝词人陈廷焯读到这首《浪淘沙》时，认为“情词凄绝，多少血泪”，不忍再读下去。相比早期的作品，李清照此时所写的一字一句都透露出浓浓的忧伤。在词作中，她总喜欢以“雁”为意象来表达自己的思夫之情、丧夫之痛。从曾经的“雁字回时，月满西楼”到如今的“留得罗襟前日泪，弹与征鸿”，再到日后所写的“雁过也，正伤心”，李清照从早年对夫君的相思变成了如今对夫君的悼念，那挥之不去的绝望伴随着她的余生。

内心近乎破碎的李清照，在那些无眠之夜写下的词作，流传至今的除了《浪淘沙》外，还有一首《孤雁儿》。这首词同样将李清照悲绝清苦的心境刻画得淋漓尽致：

藤床纸帐朝眠起，说不尽无佳思。

沉香烟断玉炉寒，伴我情怀如水。
笛声三弄，梅心惊破，多少春情意。
小风疏雨萧萧地，又催下千行泪。
吹箫人去玉楼空，肠断与谁同倚。
一枝折得，人间天上，没个人堪寄。

读罢此词，令人心生惆怅，历经风霜的李清照依然保持着烙印在骨子里的文人风骨。

拥有千古才情的李清照，认为前人所写的关于梅花的诗词难免流于俗气，就连自己写的这首词她也不太满意。但正是这首词，让后来无数词人暗暗称奇。

词中描述李清照在初春的早晨醒来，身下是用藤竹编成的单人床，头顶是当时文人雅士喜爱的茧纸帐子。这两种物品都是清雅之物，从中可以看出她的生活是多么淡泊、清贫，也透露出她心中说不尽的伤感及对亡夫的无尽思念。

醒来无事，已灭的炉香、寒冷的玉炉使室内更显凄冷，李清照的悲绪如水一样孤清绵长。这时，不知道是谁用玉笛吹起了《梅花三弄》，曲声动人心弦，吹开了枝头的梅花。春天来临了，却也让她生发出无限的幽恨。

疏风细雨弥漫于天地之间，冬去春来，美丽的春天每年都会踏着既定的节奏来到人间，但李清照生命中的春天已渐渐流逝。独坐闺中，泪下千行；夫君已逝，人去楼空。昔日夫唱妇随的美好日子已经成为过去，如今纵有梅花好景，又有谁与自己同赏？今日折下梅花，找遍人间天上，却没有一人可供寄赠。全词至此戛然而止，而一曲哀音却缭绕不绝。

在国家灭亡、夫君离世、家庭破碎等一系列沉重的打击下，李清照病倒了，浑身无法动弹。她已经想好了要随夫君而去，但随着时间的推移，她的身体日渐恢复，熬过了一劫。

因为身体还有些虚弱，她只能靠在床上读书赏花，偶尔天上飘落连绵细雨，那晶莹的雨珠淋湿了花瓣，使娇俏的花朵显得更加动人。平日陪伴她的，只有那深沉含蓄的木樨花。

李清照取出纸笔，把此时此景此情一一记于纸上，一首感伤哀怨、催人泪下的《摊破浣溪沙》就此诞生。这首《摊破浣溪沙》也成为后世研究李清照晚年生活的主要作品之一。

病起萧萧两鬓华，卧看残月上窗纱。豆蔻连梢煎熟水，莫分茶。枕上诗书闲处好，门前风景雨来佳。终日向人多酝藉，木樨花。

木樨花是桂花，也就是人们常说的月桂，外形柔美，香味醇厚，李清照一直对它情有独钟。

那暗香芬芳的小黄花一直为李清照所喜爱。曾经，她为桂花作诗，赞誉桂花端庄自持，卓尔不群，“何须浅碧轻红色，自是花中第一流”；而今，她以桂花自喻，表明自己淡泊名利、无私奉献，表达自己要在乱世中保持清纯的名声、高洁的人格。只是多年来，她被命运的车轮无情碾压，那一朵“何须浅碧轻红色”的傲世孤芳，终究在世事的摧残下渐渐凋零。

病愈之后，李清照情绪低落，胸中就像压着一块石头那样憋闷。但她一想到赵明诚还有未了的心愿，需要自己去帮他完成，心中又产生了一丝希望。

李清照立志要保管好丈夫的遗物，并且完成《金石录》剩下的部分，将它付梓出版，献给世人，并流传下去。

由于战事频仍，李清照不得不离开建康，带着沉重的书籍、文物，再次开始了颠沛流离的流亡生活。她一心想要找一处能避开乱世的地方，可在这动荡的年代，何处才是她的容身之地呢？她的余生之路，似乎注定坎坷崎岖。

历史知识小贴士

宋徽宗

宋徽宗（1082 年—1135 年），姓赵名佶，宋神宗赵顼第十一子，宋哲宗赵煦之弟，宋朝第八位皇帝。

宋徽宗自幼养尊处优，养成了轻佻放浪的性格。早年的他酷爱书画、蹴鞠、骑马、射箭，而且对飞禽走兽、奇花异石有着浓厚的兴趣。元符三年（1100 年），宋哲宗驾崩，由于宋哲宗无子嗣，宋神宗皇后向太后在曾布、蔡卞等老臣的支持下，立赵佶为新帝，是为宋徽宗。次年，宋徽宗改年号为建中靖国。

宋徽宗在位期间，重用奸臣蔡京、童贯、高俅、梁师成等人，大肆搜刮民脂民膏，穷奢极欲，荒淫无度。宋徽宗的昏庸腐败之举，导致民怨沸腾，最终激起了方腊、宋江起义，国家形势一落千丈。

靖康元年（1126年），金军大举南下，进攻北宋，宋徽宗见形势危急，急忙将帝位传给赵桓（宋钦宗）。年底金兵攻破汴京，次年将宋徽宗、宋钦宗连同后妃、百官约数千人押送北方，北宋灭亡。到达金国都城后，宋徽宗与宋钦宗先后被囚禁于韩州（今辽宁省昌图县）、五国城（今黑龙江省依兰县城北旧古城），饱受折磨。绍兴五年（1135年）四月，宋徽宗病死于五国城。

宋徽宗骄奢淫逸，纵情声色，加速了北宋的灭亡。他在政治上是一位失败的皇帝，但在书法、绘画上却造诣很深，有着很高的成就。他标新立异，自创一种书法字体——瘦金体，其特点是笔势纤弱，结构疏朗，瘦劲挺拔，风姿绰约，在中国书法史上占有独特的地位。他的绘画笔法工整，疏密有序，色彩调和，华美精致，流露出浓厚的富贵气息。宋徽宗还创建了宣和画院，培养出了王希孟、张择端等一批北宋青年画家，并组织编撰了《宣和画谱》《宣和博古图》等美术古籍。其代表作有《红蓼白鹅图》《芙蓉锦鸡图》《池塘秋晚图》等。

项 羽

项羽（前 232 年—前 202 年），名籍，泗水郡下相县（今江苏省宿迁市）人，楚国名将项燕之孙，秦末著名军事家，农民起义领袖。

项羽少年时就胸怀反秦大志，跟随叔父项梁读书，学习剑术和兵法，但都没有耐心，没多久就不学了。有一次，秦始皇到会稽（治今江苏省苏州市）游玩时，项羽看到秦始皇，不屑一顾地说："他是可以被取代的。"

秦二世元年（前 209 年），陈胜、吴广率领九百多名戍卒在大泽乡起义，揭开了秦末农民起义的序幕。项羽跟随项梁在会稽起兵，响应陈胜、吴广起义。不久项梁战死，项羽立楚怀王之孙熊心为楚王，率领起义军继续打击秦军。秦二世二年（前 208 年），秦将章邯率领大军进攻赵国，赵国岌岌可危。楚怀王以宋义为上将军，项羽为次将，范增为末将，率兵五万前去救援赵国。军队行至安阳时，宋义畏惧秦军，不愿再进军。项羽一怒之下，杀死宋义，然后亲自率军渡过漳河，破釜沉舟，在巨鹿大败秦军，章邯投降。项羽随后坑杀二十万投降的秦军士兵，率领诸侯军队向关中挺进。

这时，刘邦带领的一支农民起义军攻占了咸阳。项羽立即指挥军队攻破函谷关，进入咸阳，与刘邦达成和解。之后项羽杀死秦王子婴，火烧秦宫室，掳掠了秦国大量的奇珍异宝。汉元年（前 206 年），项羽尊熊心为义帝，大封诸侯，封刘邦为汉王，自立为西楚霸王，定都彭城（今江苏省徐州市）。

不久，刘邦平定三秦之地，率军进攻楚军，楚汉战争随之爆发。战争前期，项羽连战连捷，但因内部矛盾重重，加之战略决策失误，渐渐失去优势，屡屡被刘邦打败。汉五年（前 202 年），项羽被刘邦军队围于垓下，率八百骑兵趁夜突围，逃至乌江附近时被刘邦军队追上，自刎而死。

项羽是一位以武力出众而闻名的武将，李晚芳评价他“羽之神勇，千古无二”。

第五章

寄居异乡，梅落泥淖

金兵继续南侵，李清照不得不带着文物古籍南下流亡。历经艰辛到达临安后，她与利欲熏心的张汝舟结婚。婚后，张汝舟向李清照索取文物，在遭到李清照的拒绝后便对她恶语相向，拳脚相加。李清照一怒之下将张汝舟告上衙门，决定与其离婚。最终李清照胜诉，但也因此遭受牢狱之灾。经历了遇人不淑、再嫁离婚、入狱坐牢等灾祸后，李清照决定远离尘世，回归隐居生活。

倾尽心血保文物

眼看皇帝与大臣弃城南逃，建康无兵防守，迟早会被金兵侵占，身为一介女流的李清照不得不背负沉重的书籍、文物，再度踏上流亡之路。走在荒芜的小道上，她看到周围都是拖家带口逃难的老百姓，不由得一阵心酸。她茫然四顾，不知道自己该去往何方。她想：不如就随着皇帝的脚步南行吧，说不定还能寻得一片安宁之地。

由于随身带着很多文物古籍，赶路异常艰难，李清照雇了一条船，带着文物古籍乘船南行。每到一处，她只能投靠昔日的亲友，寄人篱下。她自幼名震济南，半生中结识了许多好友知己，加上赵明诚生前是金石学的翘楚，又为官多年，她以为这次南行会有许多人相助。她想错了，她不但没有得到人们的帮助，有时甚至遭受他人的冷眼。

当时，大多数人只考虑自身的安危，对他人的困难无动于衷。这位曾经轰动宋朝词坛的才女早已淡出了人们的视野。她一路上携带大量价值连城的文物古籍，不可避免地引来了一些居心叵测之人的觊觎。赵明诚是名震远近的金石学家，李清照作为赵明诚的遗孀，不少人认为她肯定继承了无数奇珍异宝，于是将贪婪的目光投向她，企图将那些文物古籍据为己有。

宋高宗的御医王继先费尽心思找到李清照，提出用三百两黄金购买赵明诚遗留下的文物古籍。战乱时期，三百两黄金不是个小数目，足够李清照安稳度日。但那些文物古籍是丈夫留给她的，也是她活在世上的唯一寄托，所以她拒绝了王继先的要求。贪婪的王继先不肯罢休，处心积虑想要得到李清照身边的珍宝。

不久，王继先与官府勾结，将李清照告到衙门，企图强行夺取她身边的珍宝。

李清照有两个选择：一是屈服于王继先，以三百两黄金的价格将文物古籍出售给他；二是带着这些文物古籍继续流浪，找个合适的地方将它们封藏起来。李清照一身傲骨，不甘心让自己和丈夫花费大量心血搜集的文物古籍落入王继先这种唯利是图的小人手中，不想让他的阴谋轻易得逞。思来想去，她决定求助于亲朋好友。

当时，李清照有一个名叫谢克家的亲戚在朝廷当官。她写了一封奏疏给谢克家，让他代呈宋高宗，诉说自己的冤情。李清照写的奏疏声情并茂，字字在理，但宋高宗看后无动于衷，反而有意偏袒王继先，使李清照以败诉告终。可怜李清照空有一身才情，为保护文物据理力争，最终却敌不过朝野上下沆瀣一气的打压、陷害。

这些文物古籍给李清照带来的麻烦接踵而来。随着她南下流亡，有人开始散布谣言，说她“私通金人”，在作品中赞许、讨好金国。李清照深明大义，爱憎分明，有着炽烈的爱国情怀，如今被人安上如此罪名，不禁义愤填膺，怒火万丈，但同时也十分无奈。经过慎重的考虑，她决定将这些文物古籍进献给朝廷，以示爱国之心。她知道，弱者终究拗不过强者，仅凭自己的力量是无法保住这些文物古籍了，与其让它们落入小人之手，还不如将它们献给朝廷，一来可以证明自己的清白，二来也能使这些文物古籍得以保全，也算是两全其美。

可惜世事难料，在李清照南下的这段时间，为了减少文物古籍的流失，她将赵明诚留下的两万卷古籍以及两千卷金石片暂存在洪州（今江西省南昌市），打算追上朝廷的队伍后再禀明皇上派人去洪州取回，结果却被金兵抢先了一步。金兵攻入洪州后，将那些文物古籍劫掠一空。

李清照得知消息后震惊不已，欲哭无泪，她在内心痛斥这场战争给国家和个人带来的深重灾难。

寄宿越州失文物

在金兵的侵略下，整个中原战火纷飞，宋朝的半壁江山已经被金兵占领，宋朝百姓沦为亡国之民。南宋最高统治者宋高宗毫无抵抗的意志，只想保住自己的皇帝宝座，苟且偷生，不断南逃。

建炎四年（1130 年）十一月，宋高宗发现跟着自己南逃的百姓越来越多，队伍行进的速度越来越慢。他担心这样下去很快就会被南侵的金兵追上，于是下令遣散百官和百姓。

南宋的旗帜就这样消失在逃亡之路的前方，逃难的百姓深感绝望，不知道该逃往何方。没有南宋旗帜的指引，他们就好像上了一艘没有罗盘的航船，在大海中迷失方向，要么遇到暗礁船毁人亡，要么被惊涛骇浪所吞噬。

李清照的身心同样饱受煎熬，战火越来越近，她先后经过温州、越州（今浙江省绍兴市）、衢州等地，但每一次都是刚刚落脚，又听到金兵来犯的消息，她只得继续逃亡。

途中，她写下一首《添字丑奴儿》，以抒发心中的悲愤与孤苦之情。

窗前谁种芭蕉树，阴满中庭。阴满中庭。叶叶心心，舒卷有余清。

伤心枕上三更雨，点滴霖霪。点滴霖霪。愁损北人，不惯起来听。

暂住在小小的房中，庭院的芭蕉树在战火中依然挺立着，芭蕉叶片和芭蕉心不断向外舒展，一张张，一面面，遮蔽了整个庭院，散发着馥郁的清香。李清照无心欣赏眼前的美景，和衣躺在床上。窗外的雨声与她的悲苦之情缠绵交织，不经意间，她泪流满面。

在逃亡的日子里，能有安身之地已属不易，她只能遥望北方，无限惆怅，独自泪下。无论前路多迷茫，她都必须带着赵明诚的嘱托活下去。即使饱受颠沛流离之苦，承受着国破家亡之痛，她心中依然有一股强烈的信念，支撑着她在这个充满苦难的乱世里顽强挺立着。

此时，李清照手中保存的那些价值连城的文物古籍，在流亡途中已丢失大半，但还是引起了一些人的觊觎。

在越州时，李清照从一个姓钟的读书人那里租了一间屋子住下，将随身携带的五个装有文物的箱子放在床底下。令她没想到的是，夜间盗贼通过隧道偷走了床底下的五个箱子。

箱子被盗以后，李清照心急如焚，公开用重金悬赏寻物，结果只等来了钟姓房东带来的部分画卷，还领走了她的赏钱。

其实，这一切都是房东设下的陷阱。她入住屋中的时候，房东便对她携带的五个箱子起了歹念，床底的隧道也是房东早就挖好的，专门用来盗取他人财物。房东已经变卖了大部分的字画，只将少数归还给李清照。李清照虽然心知肚明，但她一个流落异乡的寡妇，人生地不熟，又能怎样呢？她只能深感无奈，叹息而已。

四处流浪的李清照经历着双重磨难，一方面为了保全价值不菲的文物，要提防那无数双虎视眈眈的眼睛；另一方面要承受局势动荡下的压力，经历国破家亡的苦难。她以坚强的信念，支撑着自己在苦难中傲然挺立。

临安再嫁陷泥潭

绍兴二年（1132年）春，李清照几经辗转，到达临安（今浙江省杭州市临安区），在这里遇到了她同父异母的弟弟李迒。姐弟俩自幼在家毫无嫌隙，感情深厚。

战乱之中，姐弟二人在异地相见，高兴之余也感到宽慰。

李迒见姐姐神情憔悴，非常心疼，请求她留在临安，这样好照顾她。李清照也觉得李迒是战乱中唯一可以托付的亲人，于是答应在临安住下。

在临安，李清照遇到了她生命中的另一个男人——张汝舟。

张汝舟是浙江归安（位于今浙江省湖州市境内）人，宋徽宗年间参加科举考试时作弊，贿赂主考官，违规取得进士资格，现在朝廷中身居要职，担任右承奉郎、监诸军审计司。他经人介绍认识李清照后，一直对李清照嘘寒问暖，给她的生活带来了不少便利。

自从赵明诚离世后，李清照便失去了精神寄托，一直过着颠沛流离、孤独无助的生活。在李清照人生的至暗时刻，张汝舟带着关爱走进她的生活，就像黑暗中的一点星光，给她带来了光明和温暖，使她重拾对生活的信心。尽管无法回到过去惬意悠闲的生活，但总算变得稍微安宁了，这让李清照对张汝舟感激不已。

李清照与寻常女子不同，年幼的时候便表现得不同凡响，敢于和世俗礼教对抗。如今她虽然饱尝风霜，但是依然不屑于屈从世俗礼制，决定把自己的余生托付给张汝舟。在经历了国破、丧夫、家亡的劫难之后，李清照无比渴望身心的安宁和生活的安定，而张汝舟的殷切关照，使她以为自己寻得了归宿，可以有一个幸福的小家安度晚年。

李清照再婚，让她的亲朋好友及世人惊讶不已。她和赵明诚之间的伉俪情深早已传为佳话。她在赵明诚去世三年之后选择再婚，无疑会引来许多异样的目光。

李清照自然也明白再婚需要付出极大的代价，但是她依然坚定地选择了与张汝舟结婚。也许那时的她是因为举步维艰才决定再嫁，也许是经历无数变故以后，张汝舟的关怀备至让她感受到突如其来的温暖和世间久违的善意。

与张汝舟结婚以后，李清照的生活发生了很大的变化，这个新家能否成为她的避风港？她能否躲过命运的惊涛骇浪？她晚年的生活能否平安顺遂？一切都是未知数。

状告小人护清名

人与生俱来地喜欢期盼，喜欢追逐美好。李清照也不例外，年过半百的她依然有一颗充满期盼的纯真的赤子之心。

面对世俗的眼光，她依然选择勇敢去爱，去建立新的家庭，开启新的生活。

与张汝舟结婚后，李清照仿佛回到了从前，期盼着拥有幸福的人生。然而，天不遂人愿，一心想要将自己后半生交托给张汝舟的李清照又怎会知道，这看似美好的姻缘背后其实酝酿着一场预谋已久的阴谋，而阴谋的策划者就是之前与李清照对簿公堂的王继先。

王继先一直觊觎李清照手上的珍贵文物，上次他的阴谋没有得逞，心中不甘，便想到了一个卑劣的办法，让张汝舟假意与李清照结婚，然后乘机侵夺李清照手上的文物。张汝舟看似温文尔雅，其实是一个卑鄙贪婪的小人。他从王继先口中得知李清照拥有很多珍贵的文物，便欣然同意与王继先合作。一来他曾经私吞军饷，有把柄落在王继先手里，只要他帮助王继先谋取李清照手头的文物，他私吞军饷的事便不会东窗事发；二来他也想瓜分一部分文物，况且娶得旷世才女可以极大地满足他的虚荣心。因此，他和王继先一拍即合，一场阴谋就此展开。

起初，李清照一直被蒙在鼓里，但是随着时间的推移，张汝舟渐渐露出了他的狰狞面目。他本来是为了谋取那些价值连城的文物而娶李清照，但是婚后李清照对他防范有加，不愿将文物交给他，有时他想和李清照一同“品赏”文物也遭到李清照的拒绝。

于是，张汝舟对李清照的态度发生了一百八十度的大转变，对她恶语相向、大发脾气。本来期盼与张汝舟结婚后开始新生活的李清照，没想到对方是这样一副卑鄙模样。直到这时她才明白，原来张汝舟先前对她嘘寒问暖、关怀备至，不过是一场有目的的交易。

张汝舟见自己的目的不但没有达到，还让自己陷入与李清照的婚姻之中，更加恼羞成怒，开始对李清照大打出手，希望将她折磨致死，然后名正言顺地继承她手头的文物。

李清照本以为是自己的才华、学识和名气吸引了张汝舟，没承想他与自己结婚只是为了夺取文物。在认清了张汝舟龌龊的目的与丑陋的面目后，李清照对他无比厌恶。她不愿忍气吞声，也不甘忍受张汝舟的折磨，果断地选择了反抗。

李清照想起自己与张汝舟刚结婚的时候，张汝舟曾经将他科举考试作弊过关的事拿来向她炫耀。李清照知道，只有将张汝舟告倒，让他服罪，自己才能摆脱他的折磨，脱离苦海。于是，她找到一个适当的时机，做了一件寻常女子想都不敢想的事情——上疏状告张汝舟“妄增举数入官”，并提出与他离婚。

所谓“妄增举数入官”，就是以妄自增加科举考试次数的方式进入官场，获得官职。宋朝的科举考试制度规定：考生达到一定年龄，参加科举考试达到一定次数，即使没有考上也可申请入仕为官。张汝舟弄虚作假，以虚报自己的考试次数来骗取官职，这是欺君罔上之罪。

李清照的举动不仅让王继先、张汝舟大惊失色，就连朝廷中的大臣也惊讶万分。毕竟在数百年前的宋朝，只有男子可以休妻，女子不能随意提出离婚。可李清照不是那种逆来顺受的柔弱女子，她的骨子里有一种叛逆精神，对于那些限制女子言行、束缚女子自由的世俗礼教，她向来是蔑视的。她宁愿玉石俱焚，也不想委曲求全，屈服在张汝舟这种利欲熏心、薄情寡义、虚伪凶残的淫威之下。她要挺身而出，与恶势力抗争到底，向世人展示她身为千古才女的尊严与高贵的人格。

宋朝法律规定：女子状告夫君并且离异者，必须经过严格的审查，若有虚言便处以重刑；即使女子所言属实，作为原告者也必须服刑两年。

所以，李清照通过朝廷去告发张汝舟，就是做好了经受两年牢狱之灾的准备。在大是大非面前，她的想法毫不含糊：宁肯自己受皮肉之苦，也不愿受对方精神的奴役。一旦看清对方的真面目，她便毫不犹豫地选择离开对方，即使坐牢，她也要与对方划清界限。由此可以看出，在经历了无数波折与创伤后，李清照没有被世俗消磨掉心中的傲气，仍然一身傲骨，仍是过去那朵冰清玉洁、昂首独立的清莲。

其实，李清照除了亲自向朝廷上奏，还有一条更容易的路可以选择，那就是借助亲戚秦桧之手去对付张汝舟。李清照的外公是秦桧夫人王氏的爷爷，而秦桧也算是李清照的姑表妹夫。

此时秦桧是宋高宗身边的第一红人，权势滔天的他要对付张汝舟可以说易如反掌。但是，李清照不愿求助于秦桧。她深知秦桧为人奸诈毒辣，两面三刀，对外讨好金国，奴颜婢膝，卖身求荣；对内施计陷害忠良，徇私枉法，祸乱朝政。

如此臭名昭著的阴险小人，李清照以有这样的亲戚为耻。

李清照在奏疏中列举了张汝舟的数条罪状，并且坚持不撤诉。此事惊动了宋高宗，最终，张汝舟被免去官职，流放到地处偏远的柳州（今广西省柳州市）。李清照得偿所愿，与张汝舟合法离婚，保住了仅存的文物，但随即被收监入狱。

一时间，朝野上下都在议论李清照状告丈夫的行为。李清照此前选择再婚就曾引来大家异样的目光，如今她状告丈夫的行为产生了更大的反响。不理解她的人纷纷唾骂她，对她表示鄙夷；也有人同情她的遭遇，为她抱不平，并主动伸出援手帮助她。

赵明诚的远房亲戚、翰林学士綦崈礼非常欣赏李清照的才气和节气，理解她为了保全自己的人格而甘愿入狱的心情，于是求见宋高宗，代李清照说情陈冤。他将李清照几年来颠沛流离，一直忠心耿耿地追随皇帝銮驾，以及被张汝舟骗婚的经过如实上告。宋高宗也同情李清照的遭遇，便下诏释放李清照。于是，李清照在入狱九天后被释放，脱离牢狱之灾，重新获得了自由。

当时，人们看待再嫁的女子总是抱有极大的成见，更不用说其状告丈夫、要求离婚的激烈行为了。李清照早已预料到自己的行为会招来世俗之人的鄙视和谩骂，但她依然坚持自我，让后人看到了封建社会中那一股不愿妥协的清流。

历史知识小贴士

宋高宗

宋高宗（1107 年—1187 年），名赵构，宋徽宗第九子，宋钦宗之弟，宋朝第十位皇帝，南宋开国皇帝。

赵构在出生后的几年内，先后被宋徽宗封为蜀国公、广平郡王、康王。靖康元年（1126 年）初春，金兵第一次南下包围汴京时，他以亲王身份赴金营作人质。由于他在金营中面对宋金冲突表现得镇定冷静，金人怀疑他不是康王本人，便向北宋朝廷提出更换人质，以肃王赵枢代替他。赵枢赴金营作为人质后，赵构被放回，金军随后撤兵北归。

这年八月，金兵再次南侵，赵构奉命出使金营求和，十一月在河北磁州（今属河北省）被宗泽劝阻留下，在相州（辖境包括今河南省北部安阳市、河北省临漳县一带）知州汪伯彦的邀请下，暂居相州。不久，金兵逼近汴京城下，宋钦宗任命赵构为河北兵马大元帅，要求他率军火速救援京城。闰十一月二十五日，金兵攻破汴京，俘虏徽、钦二帝。赵构畏惧金兵，不敢进兵，将军队移屯北京大名府（今河北省大名县），后又退入山东境内。

靖康二年（1127 年）五月，金兵带着徽、钦二帝及北宋宗室、百官退回北方，赵构在南京应天府（今河南省商丘市）即位，改元建炎，是为宋高宗。南宋政权初建，他迫于形势起用抗战派李纲为宰相，但不久便赶走李纲，听从宠臣汪伯彦、黄潜善等奸佞小人之议，放弃中原，从南京应天府逃到扬州。建炎三年（1129 年），金兵又大举南下，奔袭扬州，宋高宗与百官仓惶渡过长江，不断向南逃跑，一度漂泊海上。几经辗转，最后于绍兴八年（1138 年）到达临安（浙江省杭州市），作为临时都城。

稍稍站稳脚跟后，宋高宗一面任用岳飞、韩世忠等主战派将领抵抗金军，一面又任用秦桧、汪伯彦等主和派大臣与金议和。绍兴十一年（1141 年），宋高宗与秦桧合谋，以莫须有的罪名将岳飞杀害，制造了一桩千古冤案。同年冬，宋高宗与金人签定“绍兴和议”，屈辱投降，向金人称臣纳贡，以换取金人承认自己在秦岭、淮河以南地区的统治权。

绍兴三十二年（1162 年），宋高宗传位给养子赵昚（宋孝宗），退居内宫，以颐养天年。淳熙十四年（1187 年），宋高宗驾崩。

第六章

晚景凄凉，悄然谢幕

绍兴四年（1134 年），李清照离开临安，来到婺州，在这里度过了一段宁静、悠闲的时光，编写了《打马图经》，创作了《打马赋诗》。后因朝廷追讨李清照随身携带的《哲宗实录》临摹本，她不得不重返临安。回到临安后，李清照完成了赵明诚的遗作《金石录》，并将它献给朝廷。绍兴二十五年（1155 年），李清照在孤寂和凄凉中离世，为后人留下了弥足珍贵的文学遗产。

词林绝唱《声声慢》

绍兴三年（1133年），李清照已进入知天命之年。经历了国破家亡、情感创伤等一连串的打击，李清照身心俱疲。她那颗敏感、细腻而柔弱的心变得有些麻木了。她想要回归隐士生活，到更为简单、纯朴的世界中，与花鸟相伴，枕诗书而眠，清清静静、自由自在地度过余生。

一个偶然的机会，李清照得知赵明诚的次兄赵思诚仕途得意，被宋高宗钦点主管江洲（今江西省九江市）太平观，她心中不禁感到一丝欣慰，打算去探望赵思诚。可她转念又想：自己经历再婚的波折，赵思诚又怎么可能礼待自己呢，于是打消了去探望赵思诚的念头。

偏居一隅的李清照仍然关注着时局的变化，关心着国家的安危。这年五月，宋高宗想要派人到金国去探望宋徽宗和宋钦宗，并与金国商谈议和一事。可是此时金人攻势正猛烈，宋金两国关系恶劣，派人出使金国，无异于羊入虎口。所以，满朝文武无人愿意出使金国，都担心会遭遇不测。

最后，签书枢密院事韩肖胄、工部尚书胡松年挺身而出，表示愿意出使金国。宋高宗大喜，当即任命二人为金国军前奉表通问正副使，即日启程，前往金国。

韩肖胄、胡松年二人早年与李清照的父亲同朝为官，彼此来往密切，交谊深厚。李清照也认识两位前辈，只是自父亲去世后，世事变迁，战祸突起，她一直无缘再见两位前辈。

此时听闻韩、胡两位前辈出使金国的消息，她为他们勇赴国难、视死如归的壮举所感动，于是满怀激情地写了《上枢密韩肖胄侍》二首赠给他们，以壮其行。诗的最后四句写道：

子孙南渡今几年，飘零遂与流人伍。
欲将血泪寄山河，去洒东山一抔土。

在两首诗中，李清照热情赞扬了韩肖胄、胡松年二人不计个人安危、前往金国谈判的壮举，对处于水深火热中的中原人民表示深切关怀，同时也强烈渴望南宋军队能够成功收复失地、重返故乡，全诗充满了爱国情怀。她的诗激励了无数爱国官兵冲锋陷阵、舍身救国，也激发了广大百姓的爱国热情，激起了他们对收复失地的渴望。

李清照始终心怀对光复故土的期盼以及对妥协投降派的鄙视。她既有巾帼之淑贤，更有须眉之刚毅；既有常人愤世之感慨，又具有崇高的爱国情怀。她不仅有卓越的才华、渊博的学识，而且有高远的理想、豪迈的抱负。

在心系国事、忧国忧民的背后，李清照的内心又满是悲凉和凄苦。凄凉、孤苦、伤痛将她推入深深的苦海，她就像一叶孤舟在风浪中无助地漂浮、颠簸。亡国之恨、丧夫之哀、无家之痛、漂泊之苦、孀居之悲，种种伤痛凝聚心头，无法排遣。回首往事，李清照愁绪万端，挥笔写下了流传千古的《声声慢》：

寻寻觅觅，冷冷清清，凄凄惨惨戚戚。

乍暖还寒时候，最难将息。

三杯两盏淡酒，怎敌他、晚来风急。

雁过也，正伤心，却是旧时相识。

满地黄花堆积，憔悴损，如今有谁堪摘。
守着窗儿，独自怎生得黑。
梧桐更兼细雨，到黄昏、点点滴滴。
这次第，怎一个、愁字了得！

这首词是李清照晚年词作中的巅峰之作，数百年来一直备受世人称赞、推崇。整首词充满了缠绵的悲伤，李清照寻寻觅觅，想要找回那失去的一切，却只寻得满眼的冷清，还有满心的凄楚、哀伤。

“寻寻觅觅，冷冷清清，凄凄惨惨戚戚”，渲染了李清照心理变化的三个过程：因内心空虚而试图寻找精神慰藉，因寻觅无果而产生难以排遣的凄凉和愁苦，因孤寂哀愁而陷入无边无际的凄惨忧戚境地。开篇仅此三句，为全词定下了愁惨而凄苦的基调。

居无定所，前路渺茫，“凄凄惨惨戚戚”，正是李清照内心情感的真实写照。七组叠词，从精神状态到生活处境，再到内心世界，层次清晰地概括了“靖康之变”以后李清照所遭受的不幸经历及其身心受到的双重摧残。

天气忽暖忽寒的时候，身体最难调养，饮进愁肠的几杯淡酒，又怎能抵挡晚上迅疾的冷风？表面上是在写自然之秋，实则暗指宋朝正处在异族入侵、国土沦陷的多事之秋，以及李清照自己晚景凄凉、黯然伤悲的人生之秋。

“淡酒”驱不走“风急”的寒意，浇不灭她无边的愁苦。她想抗争却无法抗争，想摆脱却无力摆脱，心情痛苦至极。

北雁南飞，雁叫声声，令人伤感。头顶飞过的大雁也是旧相识了，曾为她捎去讯息，如今却只能带来无尽哀伤，只剩她一人在孤寂凄苦中打发冷清的日子。

李清照伤心的原因有三：一是旧相识的大雁触动了她内心的创伤，看见大雁再次飞来，她更加伤心难过。二是古代有雁足传书的传说，大雁曾为她捎去思念，给过她安慰。但丈夫已经逝去，国破家碎人亡，看着大雁飞过头顶，既无信可捎，也收不到丈夫的来信。当年“雁字回时，月满西楼”的期盼与希望，如今已在残酷的现实中破灭。三是她的故乡在北方，如今却异乡漂泊、流落南方。秋天北雁南飞，她在异乡看到旧时相识的大雁，更加勾起了她对故乡的思念，自然而然地发出物是人非的感慨。

秋风阵阵，一夜间多少秋叶与黄花铺满地，想来那菊花已枯黄凋零，如今还会有谁去摘取呢？正如自己年过半百的人生不再绚烂，还有谁愿意与自己交谈？年轻时她写过“人比黄花瘦”的经典名句，那时菊花凋零，人也憔悴，物我相融。此时的她，无心摘花的孤苦心境与惜花自谢的情怀融为一体。

独守窗边，孤孤单单，怎么能挨到天黑？时近黄昏，秋雨点点滴滴，洒落在梧桐叶上，暮年之人守着窗儿更显孤寂、凄凉，听着雨声，心中又泛起悲苦，这场景岂是一个“愁”字能说得尽？词末用一个“愁”字点题，画龙点睛，显示李清照的愁苦之情更加幽深，情到高潮，戛然而止，给人留下了无限的想象空间。

这首词可谓“愁中极品，词林绝唱”，称得上是李清照个人艺术成就的代表，彪炳于文学史册。梁启超曾高度评价这首词：“那种茕独凄惶的景况，非本人不能领略，所以一字一泪，都是咬着牙根咽下。”

回望李清照的一生，童年时拥有自由舒适的成长环境，生活无忧无虑；少年时与父母定居汴京，阅尽繁华；青年、中年时期与赵明诚相守相伴，拥有过琴瑟和鸣的婚姻生活；晚年却被战乱夺走一切，孑然一身，居无定所，种种悲惨往事成为她内心深处挥之不去的伤痛，孤寂与清苦成了她晚年生活的写照。

经历无数波折与磨难后，李清照暂时定居临安，靠读书、写作来打发时光。她晚年的大多数诗词都是在居住临安这段时期创作的，遗憾的是，很多诗词在战乱中散佚了。

李清照的诗词，从年幼时的烂漫到晚年时的凄苦，展现了她跌宕起伏的人生。从年幼的“和羞走，倚门回首，却把青梅嗅”，到晚年的“人何处，连天衰草，望断归来路”，数十年间，李清照不知经历了多少磨难，品尝了多少苦涩，她那颗烂漫的心被蹂躏得千疮百孔；从年少的“争渡争渡，惊起一滩鸥鹭”到晚年的“寻寻觅觅，冷冷清清，凄凄惨惨戚戚”，又是多少次痛彻心扉的回忆换来的感悟。

打马婺州寄心志

绍兴四年（1134年）正月，临安突发火灾，当地居民惊慌失措，误以为战火重燃，又开始了逃难之旅。同年十月，李清照也不得不离开临安，跟随逃难的人群前往婺州（今浙江省金华市）。因为赵明诚的妹婿李擢此时正好担任婺州知州，可以照应她一下。

途经严子陵钓台（位于浙江省桐庐县城南富春山麓）时，李清照看到曾经秀丽的江山被战火摧残得破败不堪，内心五味杂陈，有感而发，写下了七绝《钓台》：

巨舰只缘因利往，扁舟亦是为名来。
往来有愧先生德，特地通宵过钓台。

那一年，李清照经过富春江的上游桐江，看见桐江南岸伫立着两座秀美的山峰，再细细看来，山峰顶端各有一座亭台，她想这便是东汉隐士严子陵（即严光）的隐居之处。严子陵是会稽余姚（今浙江省余姚市）人，博学多才、品行高洁，年少时就颇负盛名，曾与刘秀一同游学。刘秀建立东汉王朝后，多次邀请严子陵出山做官，他都推辞不就，后来干脆隐姓埋名，隐居富春山，躬耕陇亩，潜心垂钓。北宋名臣范仲淹敬仰严子陵的高风亮节，派人在严子陵钓台处修建了一座严先生祠堂，并撰写《严先生祠堂记》，赞誉严子陵鄙视富贵、不慕名利的高尚情操。

此时路过严子陵钓台，因天色已晚，李清照只能借着月光观赏钓台。山底下的江中有大小不一的船只来往穿梭，船上的人们想必是在为名利、钱财而奔波忙碌。

李清照不由得感慨万分：国难当头，世人仍汲汲于富贵名利，相比于严子陵先生淡泊名利的高尚品德，他们心中不感到有愧吗？

这年十月初，李清照到达婺州。此时婺州尚未遭受战争的冲击，仍是一派安宁祥和的景象，李清照便暂时在婺州城里住下来，卜居在酒坊巷一户姓陈的书香门第家中。婺州古城优美的风光，淳朴好客的居民，热情招待李清照，使她饱受创伤的心灵有所慰藉，疲惫不堪的身体得以休养，她在这里度过了一段久违的宁静、悠闲的时光。

此时，偏安一隅的南宋君臣主张与金人议和，朝廷里仍然是那些主和派的大臣在掌权。李清照对此深感失望，更加同情那些遭受金兵蹂躏、处于水深火热之中的百姓。她知道自己无力改变朝廷的局势，于是开始潜心撰写《金石录》的剩余部分，按照自己的节奏度过人生的剩余时光。

渐渐地，李清照走出了往日的阴霾，重拾了往日的乐趣。闲暇时光，她或是读书学习，或是作诗赋词，有时还与街坊邻居晒着太阳玩玩打马游戏。

李清照早年就喜欢“博戏”，自金兵入侵中原以来，她经受了国破、家亡、丧夫等诸多劫难，加之居无定所，饱受颠沛流离之苦，很长一段时间无心“博戏”。来到婺州后，她的生活暂时安定下来。她的亲友多已去世，她膝下也无子女，孤苦无依的她，除了著书、写诗、作词、赏花，就是玩打马游戏，不仅是为了消遣时光，还是为了排解、驱散长久以来积郁心中的愁苦情绪。

李清照一边与街坊邻居玩打马游戏，一边研究打马游戏的攻防技巧。她综合当时流行的三种打马游戏“关西马”“依经马”“宣和马”的游戏规则，加以创新，创立了一种新式的打马游戏——“易安马”（又称“命辞打马”），并整理编写了一部《打马图经》，用图文互注的形式介绍了打马游戏的规则；撰写了《打马图经序》，阐述了自己创制“易安马”的背景与初衷，以及该游戏的体例与玩法。

李清照玩打马游戏，并没有玩物丧志，她心中仍时刻关注着局势的变化以及国家和百姓的安危。在她写的《打马赋》中，她以棋局比喻政局，借打马寄寓心志，表达了自己忧国忧民的心情和重返故土的强烈愿望。

在《打马赋》的结尾，她满怀激情地写道：“木兰横戈好女子，老矣谁能志千里，但愿相将过淮水。”她希望自己能像巾帼英雄花木兰一样，披上盔甲，手执兵器，身背箭囊，骑上战马，跟随官军奔赴战场，为国效力。无奈她年老力衰，不能上阵，只能在心中祝愿将士们渡过淮水，赶走金兵，收复失地，再归中原，显露出她渴望国家统一的炽热的爱国情怀。

在撰写《打马图经》的过程中，李清照还巧妙地将国事与打马游戏结合起来，将棋盘中的重要位置命名为函谷关、玉门关等，并以棋子作马，每一局棋都象征着驰骋沙场的将军们在调兵遣将。她也乐在其中，想象着将士们如何攻城略地，打败金兵，收复中原。

李清照身为女子，始终胸怀大志，只可惜她无法驰骋沙场，保家卫国。她的际遇也是很多南宋爱国人士的写照。比如辛弃疾，一生以恢复中原为志向，无奈生不逢时，在以求和派为主的南宋朝廷中，他空有一番热血却无用武之地。悲愤之余，辛弃疾以词言志，写下了“醉里挑灯看剑，梦回吹角连营”的千古名句。

李清照此时也有“醉里挑灯看剑”的心境，在棋盘中调兵遣将，以“纸上谈兵”的方式寄托自己的热血与抱负。一局玩罢，她带着胜利的喜悦遥望北方，幻想着南宋军队在北方大获全胜，收复一座又一座失陷的城池。

卜居婺州期间，李清照还写下一首《题八咏楼》的诗作，以雄健豪放的风格抒发家仇国恨，一扫之前作品中凄切悲愁的景象。

八咏楼原名玄畅楼，坐落于婺江（即金华江）北岸，南北朝南齐隆昌元年（494 年）由东阳郡（治所在今浙江省金华市）太守沈约建造。因为沈约曾经写下八首诗歌咏该楼，故而改名为“八咏楼”。李清照在婺州的住所紧邻八咏楼，因此闲暇之时她也常登临，游览八咏楼。

绍兴五年（1135 年）春，李清照登上八咏楼，凭栏远眺，只见天高云淡，山水相依，婺江之上帆船点点，滔滔江水不停地向西流去。面对壮美的南方山水，李清照想起北方山河破碎，中原大地正遭受着金兵铁蹄的践踏，万般愁绪一齐涌上心头，于是挥笔写下千古绝唱《题八咏楼》：

千古风流八咏楼，

江山留与后人愁。
水通南国三千里，
气压江城十四州。

在诗中，李清照感叹宋王朝的懦弱无能，悲叹半壁江山沦于异族之手，巧用典故，借古讽今，对南宋朝廷割地赔款、偏安一隅的可耻行径进行了无情的鞭挞与嘲讽。全诗意境阔大，语句豪迈，气势如虹，与李清照当年所写的《夏日绝句》并称为其豪放诗作的代表作，得到了世人的高度称赞。南宋朱熹感叹：“如此等语，岂女子所能？”清人樊增祥也赞叹：“其（李清照）所为古诗，放翁（陆游）、遗山（元好问）且犹不逮，诚斋（杨万里）、石湖（范成大）以下勿论矣。”

不久，李清照听到金兵将继续挥戈南侵的消息，不禁忧心忡忡。面对双溪景色，这位愁绪凝结的天才词人，饱含热泪，提笔写下了凄苦悲凉的《武陵春·春晚》：

风住尘香花已尽，日晚倦梳头。物是人非事事休，欲语泪先流。

闻说双溪春尚好，也拟泛轻舟。只恐双溪舴艋舟，载不动许多愁。

恼人的风雨终于停歇了，泥土中隐约散发出一丝清香，枝头的花已被吹落一地。太阳升得很高，仍懒得梳妆打扮。冬去春来，物是人非，伤心的往事不堪回首，还没开口就泪如雨下。听说双溪的春色还不错，打算乘船去那儿游览一下散散心，可是又担心那单薄的小小扁舟载不动心里那沉重的忧伤与悲愁。

这首词采用比喻的手法，把无形的“愁”具象化，将抽象的感情化为具体的形象，把无形的“愁”装到小舟上，却又说小舟难以荷载沉重的“愁”，使得抽象的“愁”变得形象具体，可见可触，充满立体感，令人更加真切地感受到李清照心中的“愁”是何等的沉重。

此时此刻，李清照心系国事，为国家的命运感到深深的担忧。双溪的春景再美，她也没有了少女时期“轻解罗裳，独上兰舟”的心境。兰舟再精巧轻便，也承载不了她心中那份沉重而又无法排遣的哀愁。

呕心续写《金石录》

绍兴五年（1135 年）一个夏日的早上，李清照和往常一样出门去集市。她走后没多久，一群身穿官服的人就来到了她的住所。

陈家的人见官兵突然造访，其中还有婺州县令，顿时惊慌不已。直到县令向他们说明来意，他们才安下心来，原来对方要找的是李清照。

李清照卜居陈家的这段时间，从来没有向陈家透露过自己的真实身份。陈家只当她是为躲避战乱而逃难至婺州，临时住在他们家中的寻常女子，并不知道她就是大名鼎鼎的才女李清照。

李清照从集市回来后，得知官府的来意，也感到十分意外。

原来，这次官府来找李清照，是为了追讨她随身携带的《哲宗实录》临摹本。《哲宗实录》从宋徽宗时开始修撰，主要记录哲宗时期的宫廷史事，是一部极为重要的文献。“靖康之变”时，保存在汴京的很多文献资料不是被金兵抢走，就是被战火烧毁，留存于世的《哲宗实录》数量很少。

宋高宗听人说赵挺之在世的时候，曾经让人抄写过《哲宗实录》，于是就派人四处寻找赵家后人，想要追回《哲宗实录》临摹本。

李清照了解事情的原委后，不禁有些担忧，当年她的公公赵挺之身居相位，利用职务之便私自抄写了《哲宗实录》，这可是死罪。朝廷若要追究，恐怕她也会受到牵连。但她转念一想，私自临摹《哲宗实录》是公公赵挺之所为，如今他已过世多年，想来朝廷不会再追究此事。加之战火导致大部分《哲宗实录》丢失，自己手里的《哲宗实录》临摹本就显得弥足珍贵，将它交给朝廷，也算是自己对朝廷的一点贡献。于是，她毅然决定将自己一直随身携带、视若珍宝的《哲宗实录》临摹本上交朝廷，这样总比保存在自己手里更安全。

绍兴六年（1136 年），李清照依依不舍地与陈家道别，再次来到临安。此时，持续多年的宋金战争已告一段落，临安城恢复了昔日繁荣的景象，街上车水马龙，行人熙熙攘攘。李清照感觉又回到了自己孩提时待过的汴京城，但她心里非常清楚，临安眼下的繁荣只是暂时的，战争还没有完全停止。

在婺州居住的那几年，李清照算是度过了一段自在悠闲的时光，表面上看起来很惬意，但她内心深处或许还在为过去的悲惨经历而郁闷感伤。其间，她时刻不忘完成亡夫遗志，继续撰写《金石录》。有时看到自己和赵明诚一起费了很多心血淘来的金石碑帖等文物，想起昔日夫妻二人相知相爱、琴瑟和鸣的幸福时光，她心中又涌起一阵悲戚。

到达临安后，李清照决定在临安住下来，尽快将《金石录》的剩余部分续写完成。

在整理书稿的过程中，往事一幕幕地浮现在她的脑海中，从夫妻二人在古玩市场精挑细选、搜集珍宝，到典卖衣物去换取文物，再到四处奔波寻找、复刻金石碑帖，每一幕都让她仿佛回到了当初的美好时光。她决心在有生之年完成《金石录》这部巨作，为后世做一件有意义的事。

李清照深居简出，大部分时间都在家中续写《金石录》，同时对赵明诚留下的《金石录》遗稿进行整理校订。经过一番废寝忘食的辛勤工作，李清照终于完成了《金石录》，赵明诚的遗稿也整理校订完毕。李清照亲自在《金石录》的封面处写上："《金石录》（三十卷）宋秘阁修撰，知湖州事，东武赵明诚撰。"她还在正文后面增补了《金石录后序》，详细介绍了自己与赵明诚搜集、整理金石文物的经过，以及《金石录》的成书过程，同时也回顾了自己与赵明诚婚后共同生活的状况。

《金石录》完成后，李清照如释重负，仰望苍穹，不由得长长地松了一口气。这一刻，她又想起了赵明诚，心想赵明诚如果泉下有知，一定会感到欣慰。

绍兴八年（1138年），宋高宗从建康迁回临安，将临安作为南宋的临时都城，同时任命秦桧为右相兼枢密使，命他全权负责与金人商议和谈事宜。

绍兴十三年（1143年），李清照在向宋高宗进献贺岁帖子时，将修订补充后的《金石录》一并呈上，算是了却了自己的一桩心事。绍兴二十六年（1156年），《金石录》终于出版，刊行于世，并流传至今。

《金石录》与欧阳修所著的《集古录》在规模、内容、体例等方面都很相似，后人称誉这两本书是"宋代金石学的双璧"。《金石录》与《集古录》共同奠定了我国金石考据学的基础，在我国金石学发展史上具有不可替代的地位，对后世金石学的发展产生了巨大的影响。

《金石录》凝聚了李清照与赵明诚的毕生心血，见证了他们之间刻骨铭心的感情，也是他们留给后人的宝贵的精神财富。

人生如梦，李清照在这场梦中已经走到了人生的后半段，幸运的是上苍赐予了她一身才情，激励她在冰冷的世间义无反顾地走下去，并记录下一生中的点点温情。

元宵佳节忧国事

完成《金石录》后，李清照不必再像从前那样终日埋首书案、专心写书了。她尝试回归过去那种与花鸟鱼虫为伴的生活，可她已无法从中感受到乐趣，无所事事的日子反而让她感到茫然。百无聊赖之际，她与街坊邻居一起打牌，而打牌的热闹过去之后，她又感到悲戚和孤独。

遥想当年，她才高气傲，把自己比作暗香浮动、温柔自持的桂花，如今的她，却更欣赏凌寒傲雪、坚韧高洁的寒梅。晚年她写过一首《清平乐》，将自己的一生与寒梅一季的绽放相对比。

年年雪里，常插梅花醉。挼尽梅花无好意，赢得满衣清泪。

今年海角天涯，萧萧两鬓生华。看取晚来风势，故应难看梅花。

宋朝女子有一个习俗：冬天赏梅时，会折一朵梅花插在云鬓上。李清照年轻时也喜欢“云鬓斜簪，徒要教郎比并看”，那时赵明诚陪伴在她身边，她有心要装扮一番，正所谓“女为悦己者容”。后来赵明诚外出做官，夫妻二人聚少离多。她一个人没有赏梅的闲情逸致，偶尔折得寒梅，也只是漫不经心地侍弄着，徒增清泪。

如今李清照已到暮年，两鬓稀疏，发白如雪。漂泊于海角天涯，独自坐在冷冷清清的屋子里，看着在晚风中摇曳的寒梅，她再无赏梅的兴致，唯有顾影自怜，感叹自己身世飘零，命运多舛。她这辈子又何尝不像今晚的梅花一样，刚开始肆意绽放，便又在风吹雨打下迅速凋零了呢？

无论如何，生活仍需继续。绍兴十七年（1147 年）的元宵节格外热闹，一扫多年来战争给人们的心灵蒙上的阴影。举国上下一片欢腾，君臣和百姓都沉浸在节日的欢乐中。大街上，乐队载歌载舞，唢呐声、锣鼓声与百姓们的叫好声交织成一片，响彻云霄。宋高宗站在宫殿城楼上，看着眼前这一派繁荣热闹的景象，内心甚是欣慰。

目睹临安城中的热闹景象，李清照等一些爱国文人则感到愤慨且忧心忡忡。国难当头，南宋小朝廷不但没有吸取北宋亡国的惨痛教训，没有发奋图强，整顿军队以收复中原，反而苟且偷安，沉迷歌舞，寻欢作乐，完全不顾百姓的死活，实在令人心寒。

对于南宋统治阶层只顾自己享乐的卑劣行为，南宋诗人林升写了一首七绝《题临安邸》予以无情的讽刺与谴责："山外青山楼外楼，西湖歌舞几时休？暖风熏得游人醉，直把杭州作汴州。"北宋灭亡之后，南宋统治者在金兵的追击下，一路逃到临安，稍稍站稳脚跟后就将亡国之恨抛到九霄云外，开始粉饰太平，追求享乐，临安城内又出现了歌舞升平的热闹景象。温暖的春风吹遍临安，游人们一个个如痴如醉，仿佛把临安当成了从前的汴京。

林升在诗中对南宋统治者苟且偷安、不思收复失地的丑恶行径表达了强烈的愤慨之情，对国家的前途与命运表示了深深的担忧，这也代表了李清照等无数爱国志士的心声。

南宋统治者的荒唐行为深深地刺痛了李清照的心，她不禁想起以前在汴京度过的元宵节。那时，汴京也是一片繁荣、祥和的景象，君臣百姓都安于现状，然而没过多久，金兵就攻进了汴京，繁华美好一朝消散，无数百姓家破人亡。如今，南宋统治者将当年的灾难抛之脑后，忘却了战争给国家和百姓带来的屈辱，又开始追求享乐，这让李清照悲愤不已。

李清照心中清楚，临安目前的繁荣只是暂时的，是江南的富饶支撑起来的假象。一旦金兵攻到临安，当年汴京失陷、“靖康之难”的悲剧又将重新上演。李清照虽然忧心如焚，但她作为一名女子，既不能上书劝谏南宋统治者，更无法影响朝廷局势，只能将自己的忧虑与愤慨写进诗词中，以寄托自己的愿望，排解内心的忧愤。她的《永遇乐·元宵》一词就是在这一境况下写成的。

落日熔金，暮云合璧，人在何处。

染柳烟浓，吹梅笛怨，春意知几许。

元宵佳节，融和天气，次第岂无风雨。

来相召，香车宝马，谢他酒朋诗侣。
中州盛日，闺门多暇，记得偏重三五。
铺翠冠儿、捻金雪柳、簇带争济楚。
如今憔悴，风鬟霜鬓，怕见夜间出去。
不如向，帘儿底下，听人笑语。

黄昏降临，落日的余晖像熔化的金子一般金光灿灿，天边的云彩像璧玉一样连成一片，共同绘就了一幅壮观的黄昏美景图。然而眼前这壮观的景致完全激不起李清照的欣喜之情，她感到茫然：自己究竟身处何方，为何眼前的景致竟然和当年在汴京时所见的一样壮丽？这繁华的背后是否隐藏着一场即将爆发的大灾难？

此时此刻，街上人来人往，烟雾渐渐浓郁，连柳叶也染上了烟色。传来了笛声《梅花落》，幽怨凄凉，谁能知道还有多少春意？正值元宵佳节，天气暖和宜人，但是难以确保转眼间不会有暴风雨降临。

虽然是元宵佳节，但对于关注时局、忧虑国事的李清照来说，与平常日子也没有什么不同。初春的天气再好，说不定转瞬就会出现狂风暴雨。承受国破家亡之痛，饱尝漂泊流离之苦的李清照，心中忐忑不安，总觉得灾难会随时降临。

因为李清照盛名在外，所以节日里总有邻里与好友坐着华丽的马车，前来邀请她一同到街上游玩，欢度佳节，李清照却婉言谢绝了好友们的邀请。经历了太多痛苦的她，对外面的繁华已经没有什么兴趣，况且国家正值多事之秋，夫君赵明诚又离她而去，她哪有什么心情到外面观戏、赏灯呢？

送走好友们后，李清照回到房中。这时，窗外响起阵阵喧闹声，她不禁想起早年与父母一起在汴京度过的快乐时光，那时的她最期待的便是正月十五元宵佳节。因为在那天，她可以头戴翡翠帽子，盛装出行，在热闹的街市上、在人山人海中自由自在地穿梭，尽情地游玩。街上的一切都是那么新奇有趣，有精彩纷呈的杂技，有琳琅满目的商品，引得她驻足观赏，流连忘返。

如今她形神憔悴，两鬓斑白，如此形貌，哪有什么兴致与好友们到街市中去游玩呢？她尤其不喜欢晚上出去赏灯，因为灯火辉煌的场景会勾起她对往事的回忆，难免又要产生伤感的情绪。

夜已经深了，可外面的喧嚣声依然不绝于耳。李清照待在房间里，独自在帘幕下听着人们的欢声笑语。国破家亡的现实让她无法融入外面热闹的气氛，她仿佛与世隔绝一般，这个热闹而喧哗的世界与她毫无关系。

空负才藻徒叹息

李清照拥有令人倾慕的才情与文思，可是在这动荡的乱世中，她的才华却毫无用武之地，既不能卫国杀敌，也无法自保。她像一朵无根的浮萍，四处漂流，不知道要漂向何方，也不知明天等待她的是什么样的结局。

进入暮年的李清照，没有子女，也没有亲人在身边，独自守着孤清的小院落。国事已难问，家事怕再提，只有秋风卷着黄叶在门前盘旋。偶尔也会有一两个旧友来访，给她孤寂的生活带来一丝慰藉。

一天，一位姓孙的朋友带着一个十五岁左右的小女孩前来探望李清照。李清照与好友寒暄几句后，发现小女孩清秀脱俗、乖巧活泼，身上有一股难以言喻的灵气，如同乱世中一朵含苞待放的青莲。看着小女孩，李清照仿佛看到了幼年的自己，便对小女孩说："你也到学点东西的年龄了，我老了，愿将平生所学传授给你。"

李清照主动提出要教导小女孩，一般人得到这个机会，必定会喜出望外，纳头便拜，可小女孩却不假思索地回道："才藻非女子事也。"在小女孩看来，女子应遵守三从四德，在家相夫教子，舞文弄墨反而是一种罪过。

小女孩的话让李清照如坠冰窖，一股寒气直袭心头。想到自己多年来一直心怀国事、著书立说，才气名震济南、汴京，到头来却落得个报国无门，学无所用，别人看她如同异类。或许在别人看来，《词论》的立说和轰动文坛的诗词，说到底只是一个不谙世事的女子写出的多余的文字。

小女孩的话使李清照毕生的骄傲瞬间化作尘埃，一种可怕的孤独感向她袭来，这个世界上再没有人能读懂她的心。

含泪送走友人和小女孩后，李清照遥望天边的夕阳，感慨万千。这些年来，命运不断地折磨、捉弄她，夺走她的一切。青春年少时，她无忧无虑，命运却让相思夺走她的惬意；青州十三年，她生活恬静，命运却让离别夺走她的悠然自得；定居莱州，夫妻和睦，命运却让战乱夺走她的安宁；

沦落建康，她与夫君相依为命，命运却无情地夺走了她的夫君……

如今，她空余一身才情，想将自己毕生所学传授给她所喜爱的小女孩，小女孩却说“才藻非女子事也”，否定了她的事业，也击碎了她的希望，夺走了她生命中的最后一份寄托。

下笔便知天下事，李清照的才情在宋朝乃至各个朝代都是罕见的，然而在当时，她的文采斐然换来的只是一声沉重的叹息。

花自飘零水自流。年近古稀的李清照感觉到自己的生命快要走到尽头，身体日渐虚弱，国事也无望，她对人世间已经没有什么可留恋的了。

回想这一生，出生于官宦世家，童年无忧无虑、自由自在；成年后与赵明诚相知相伴，有过浓情蜜意，也有过分离与隔阂，但二人始终不离不弃；后半生孑然一身，孤独落寞，在烽火连天中东奔西走，四处漂泊，历经艰辛，尝尽苦难。

如果不是时局动荡，战火连天，李清照依然可以过平凡但惬意的小日子，感受生活的一点点温存，晚年也不会落到如此凄惨的境地。可是人生没有如果，无情的命运带给她太多的痛苦，这些苦痛的阴霾一直笼罩着她，伴随着她的后半生。

悄然作别辞人世

岁月无情，未曾浅笑已苍老。转身回望，物是人非令人愁。

进入垂暮之年的李清照，隐约感到生命的尽头在不断向她逼近。在生命的最后岁月，李清照不再有“浓睡不消残酒”的慵懒，也无暇顾及海棠是否依旧，而是沉湎于对往事的回忆中。曾经的繁花绿叶在风雨过后凋落殆尽，曾经的温馨欢乐只能在回忆中重现。往事不堪回首，回忆让人徒增伤感，孤苦无依、愁肠百结的李清照，也只有借助诗词来排遣心中的郁闷、凄苦，《忆秦娥·咏桐》反映了她的这种心境。

临高阁。乱山平野烟光薄。烟光薄。栖鸦归后，暮天闻角。

断香残酒情怀恶。西风催衬梧桐落。梧桐落。又还秋色，又还寂寞。

在一个秋天的黄昏，词人登上高高的楼阁，凭栏远眺，只见山峦杂乱地躺卧在空旷的原野上，薄薄的烟雾笼罩着原野，透着落日的最后一缕光辉。外出觅食的乌鸦飞回巢穴栖息，这时远处又隐隐传来军中阵阵号角声。炉中的香火已经熄灭了，酒也所剩无几，这光景令人内心悲苦凄切。萧瑟的秋风不断地吹着，加快了梧桐叶的飘落，既衬托了秋天衰败、凄凉的景象，又让人感到更加寂寞、孤独。

全词意境开阔，情感悲凉，既有国破家亡的巨恸，又有失去亲人的哀痛，也有对逝去的美好的感伤，还有漂泊异乡的忧愁，融注了李清照凝重、沉痛的人生感悟，体现了她无限凄凉、忧伤的心情。

南渡之后，李清照连续遭受丈夫离世、文物遗散、沦落异乡、遇人不淑、入狱坐牢、恶意中伤等一系列沉重打击，又目睹了国土沦陷、百姓离散等惨痛事实，心情极为沉痛，所写的诗词没有了早期清新、婉约的风格，大多是感叹国破家亡、悲叹身世坎坷之作，情调抑郁、低沉，蒙上了一层浓厚的感伤色彩。

绍兴二十一年（1151年）至绍兴二十五年（1155年），李清照上表《金石录》于朝后，怀着对已故亲人的无限思念和故园难归的深深失望，在极度孤寂、凄苦中悄然辞世。也许在生命的最后时刻，她看着空寂的房间，泪眼婆娑，手捧着赵明诚留下的遗物，期盼夫妻在另一个世界重聚……

在阅尽世态炎凉、饱尝辛酸痛苦之后，李清照带着爱与恨、愁与哀离开了人世。她还有太多的爱没来得及表达，太多的愁没来得及消除，她的寂寞与孤苦没有人能理解，她的追求和抱负也终究随着时代渐行渐远。

她走了，为世人留下了“知否，知否？应是绿肥红瘦”的烂漫，留下了“云鬓斜簪，徒要教郎比并看”的少女情怀。是她，将相思漫上眉头、心头，写下了“此情无计可消除，才下眉头，却上心头”的千古绝句；是她，以“生当作人杰，死亦为鬼雄”的豪放诗句，向世人证明巾帼不让须眉；是她，用“寻寻觅觅，冷冷清清，凄凄惨惨戚戚”将心中的忧伤表现得婉转凄楚，如泣如诉；是她，用“只恐双溪舴艋舟，载不动许多愁”的意象，把无形的哀愁刻画得具象逼真，充满动态感和美感。这位千古才女，用她那惊世骇俗的才情，为中国文学的天空涂上了一抹惊艳耀眼的色彩。

在中国文学史上，李清照闪烁着夺目的光芒。自宋朝以来，多少文人为其才情所折服，多少读者对她的作品情有独钟。这位千古才女写下的饱含真情、隽永脱俗的诗词，在时光的洪流中经久不衰，其真挚的情感、灵动的字句打动了一代又一代人的心。

回望历史，在无数爱国志士感慨国破家亡的时候，我们没有忘记那个对命运无能为力却一直心系社稷的女子；当我们从诗词中欣赏中华五千年大好河山时，耳畔依然会回响李清照南渡之后发出的“春归秣陵树，人老建康城”的感叹；当我们忆起国土遭受外族侵扰、山河破碎的苦难岁月时，总会不由自主地想起“生当作人杰，死亦为鬼雄”的千古名句。

李清照一生为中国文学所作的贡献是巨大的，她所创作的那些脍炙人口、婉约而不乏豪放的诗词，堪称中国文学史上的奇葩，让中华五千年的文学史变得多彩多姿。我们何其幸运，能够在品读文学的同时与李清照那颗细腻隽永的诗心相伴，欣赏她文学作品中的绮丽景象，享受她给这个世界留下的精神财富。

在未来，人们在谈论古代诗词文化时，依然会记住这位婉约词宗的大名——李清照。这就是艺术的魅力，也是李清照的人格魅力。

李清照的一生，是不幸的，也是幸运的。她的不幸，一方面在于她生不逢时，战争破坏了她平静温馨的生活，击碎了她的生活梦想；另一方面在于她女性的身份，使她在那个年代只能充当男人的陪衬品，没有获得与其才情和志向相匹配的人生天地。然而她又是幸运的，她的才情、作品赢得了后人的认可。她的情感、灵魂以及精神都在后世绽放了绚丽的光彩。她的人生是坎坷、不顺的，但她的人格是完美、圆满的。

她的一生，恰如泰戈尔的诗句所说：生如夏花之绚烂，死如秋叶之静美。

历史知识小贴士

范仲淹

范仲淹（989年—1052年），字希文，祖籍邠州（治所在今陕西省彬州市），生于徐州，后移居苏州吴县（今属江苏省苏州市），唐朝宰相范履冰之后，北宋名臣、政治家、文学家。

范仲淹出生刚一年，他的父亲因病去世，母亲谢氏带着他改嫁淄州长山（今山东省邹平市长山镇）人朱文翰，范仲淹于是改姓，取名朱说。范仲淹长大后得知自己的身世，非常伤感，于大中祥符四年（1011 年）辞别母亲，独自前往应天府（今河南省商丘市），拜著名教育家戚同文为师，潜心苦读。

大中祥符八年（1015 年），范仲淹赴京城汴梁（今河南省开封市）参加科举考试，进士及第，先后被任命为广德军司理参军（掌管讼狱、案件事宜）、文林郎、集庆军节度推官。他将母亲接到自己身边奉养，并归宗复姓，恢复“范仲淹”之名。

之后，范仲淹历任兴化县令、秘阁校理、陈州通判、苏州知州、权知开封府等职。景祐三年（1036 年）因上书直谏，弹劾宰相吕夷简，被贬出京城。宝元二年（1039 年），西夏皇帝李元昊率兵进犯宋朝边境，宋夏战争爆发。次年，宋仁宗将范仲淹召回京城，升其为龙图阁直学士，与韩琦同任陕西经略安抚副使，率军抵御西夏的进攻。范仲淹到任后，采取“屯田久守”方针，改革军制，训练部队，修复城池，加强战备，多次击败西夏军队的进攻，威震边疆，使西夏军队不敢轻易来犯。

庆历三年（1043 年），李元昊请求与北宋议和，范仲淹被召回京城，先后被授以枢密副使、参知政事之职。

范仲淹上书提出改革建议，得到宋仁宗的支持，发起“庆历新政”，推行改革。由于保守派的激烈反对，范仲淹自请离京外出巡守，出知邠州、邓州。随着范仲淹、富弼等大臣的离京，历时仅一年有余的新政逐渐被废止，改革以失败告终，“庆历新政”最终流产，皇祐四年（1052年），改任颍州知州，他带病上任，在徐州病逝。宋仁宗追赠他为兵部尚书，谥号“文正”，世称“范文正公”。

范仲淹文武兼备、谋略过人，在政治、军事、文学、教育等方面都取得了突出的成就。他的名言“先天下之忧而忧，后天下之乐而乐”，千百年来被无数仁人志士奉为人生座右铭，在当时及后世产生了深远的影响。

附录

李清照生平简表

◉ 元丰七年（1084年），生于齐州章丘（今山东省济南市章丘区）明水镇。

◉ 宋哲宗元符二年（1099年），随母亲赴汴京（今河南省开封市）与父亲团聚，居住在有竹堂中。拜晁补之为师。

◉ 建中靖国元年（1101年），与太学生赵明诚结婚。其时李清照之父李格非任礼部员外郎，赵明诚之父赵挺之任吏部侍郎。

◉ 崇宁元年（1102年），父亲李格非被列为“元祐党人”，罢官离京，李清照写诗请求时任尚书右丞的公公赵挺之救父，却遭拒绝。

◉ 崇宁二年（1103年），赵明诚外出做官。李清照被遣离京城，回到家乡。

◉ 崇宁五年（1106年），朝廷大赦天下，李清照返回京城。

◉ 大观元年（1107年），因蔡京诬陷，赵挺之罢官病逝，赵明诚也被捕入狱，不久出狱。李清照与赵明诚离京回青州屏居。

◉ 大观二年至宣和二年（1108年—1120年），与赵明诚屏居青州归来堂，协助赵明诚著《金石录》，并创作大量诗词。

◉ 宣和三年（1121年），因赵明诚在莱州任职，李清照自青州赴莱州与赵明诚团聚。

◉ 宣和四年至七年（1122—1125年），居住于莱州、青州，协助赵明诚整理《金石录》且装卷初就。

◉ 靖康元年（1126年），金兵攻破汴京，与赵明诚携文物南下逃亡。

◉ 建炎元年（1127年），赵明诚赴建康（今江苏省南京市）为母亲守丧，李清照携十五车文物渡淮河南下，随后金兵攻陷青州，归来堂毁于战火。

◉ 建炎二年（1128年），抵达建康，赵明诚任建康知府。

◉ 建炎三年（1129 年），赵明诚病逝，李清照悲痛欲绝，作多首词悼念丈夫。

◉ 建炎四年（1130 年），跟随宋高宗至温州、越州、衢州等地，所携文物大多散失。

◉ 绍兴二年（1132 年），到达临安（今浙江省杭州市临安区），再嫁张汝舟，数月后离异。

◉ 绍兴四年（1134 年），因金兵继续南侵，前往婺州（今浙江省金华市）避难，作《金石录后序》《打马图经》《打马赋》。

◉ 绍兴五年（1135 年），作《武陵春》词、《题八咏楼》诗，年内由婺州返回临安。

◉ 绍兴六年至二十五年（1136 年—1155 年），居住临安，其间完成《金石录》并献给南宋朝廷。

◉ 卒年不明。